ADHD al Femminile: Navigare le Sfide e Celebrare le Forze

Una guida esauriente per comprendere, gestire e valorizzare l'ADHD nelle donne attraverso strategie, testimonianze e risorse pronte all'uso

Psicologia Femminile

1. **Introduzione e Definizione di ADHD**
    - Cosa significa ADHD.
    - Come si manifesta nelle donne.
2. **Stigma Sociale**
    - Problemi di identificazione e diagnosi nelle donne.
    - L'effetto dello stigma sociale sulle donne con ADHD.
3. **Differenze di Genere**
    - Differenze nella manifestazione dell'ADHD tra uomini e donne.
4. **Diagnosi nelle Donne**
    - Processo e sfide nella diagnosi dell'ADHD nelle donne.
5. **Strategie di Organizzazione**
    - Metodi e strumenti per aiutare le donne con ADHD a rimanere organizzate.
6. **Gestione delle Distrazioni**
    - Tecniche e strategie per superare le distrazioni.
7. **Migliorare le Relazioni**
    - Consigli per gestire e migliorare le relazioni personali e professionali.
8. **Gestione delle Emozioni**
    - Strategie per gestire la variabilità emotiva associata all'ADHD.
9. **Finanza Personale**
    - Consigli su come gestire le finanze personali efficacemente.

10. **Carriera e Successo**
    - Consigli per avere successo nella carriera e nella vita.
11. **Self-Care**
    - L'importanza dell'auto-cura e consigli pratici.
12. **Mindfulness e Meditazione**
    - Come possono aiutare nella gestione dell'ADHD.
13. **Terapia e Coaching**
    - L'importanza della terapia e del coaching per le donne con ADHD.
14. **Medicazione**
    - Informazioni sull'uso dei farmaci per trattare l'ADHD nelle donne.
15. **Alimentazione e Esercizio**
    - Il ruolo dell'alimentazione e dell'esercizio fisico nella gestione dell'ADHD.
16. **Supporto di Famiglia e Amici**
    - Come il supporto di famiglia e amici può fare la differenza.
17. **Tecnologia e Apps**
    - Applicazioni e strumenti tecnologici utili.
18. **Diritti e Risorse**
    - Informazioni sui diritti delle donne con ADHD e dove trovare risorse.
19. **Casi di Studio e Testimonianze**
    - Storie di donne con ADHD che hanno trovato successo e equilibrio nella loro vita.

20. **Conclusioni e Prospettive Future**
- Sintesi del libro e riflessioni sul futuro della ricerca e del trattamento dell'ADHD nelle donne.

1. Introduzione e Definizione di ADHD • Cosa significa ADHD. • Come si manifesta nelle donne.

1. Introduzione e Definizione di ADHD

Cosa significa ADHD.

ADHD, che sta per "Attention-Deficit/Hyperactivity Disorder" (Disturbo da Deficit di Attenzione/Iperattività), è un disturbo neurobiologico che influisce sulla capacità di una persona di prestare attenzione, controllare comportamenti impulsivi e/o essere eccessivamente attiva. L'ADHD è identificato da un insieme persistente di comportamenti che sono atipici per l'età e il livello di sviluppo di un individuo.

Tipicamente, i sintomi si raggruppano in due categorie principali:

- **Inattentività**: difficoltà a sostenere l'attenzione, dimenticanze, facilità di distrazione, difficoltà a organizzare compiti, ecc.
- **Iperattività/Impulsività**: agitazione, parlare eccessivamente, interruzioni, incapacità di

giocare o occuparsi silenziosamente, comportamenti impulsivi, ecc.
Come si manifesta nelle donne.
L'ADHD nelle donne può spesso manifestarsi in modi leggermente diversi rispetto agli uomini, in parte a causa delle aspettative sociali e delle differenze di sviluppo. Mentre i ragazzi possono mostrare sintomi più evidenti di iperattività e impulsività, le ragazze e le donne sono più inclini a mostrare sintomi interni, come inattentività e disorganizzazione.

- **Inattentività e Distrazione**: Le donne con ADHD potrebbero lottare con la gestione del tempo, l'organizzazione e la procrastinazione. La loro mente potrebbe vagare durante le conversazioni o durante la lettura, e potrebbero avere difficoltà a focalizzarsi sui dettagli e a seguire le istruzioni.
- **Impulsività Emotiva**: Le donne con ADHD spesso sperimentano una significativa impulsività emotiva, che può includere irritabilità, umore instabile e difficoltà a gestire lo stress e la frustrazione.
- **Autoimmagine e Autostima**: La ricerca ha mostrato che le donne con ADHD possono lottare con problemi di autostima e autovalutazione a causa delle sfide quotidiane e delle aspettative sociali.

- **Relazioni**: Potrebbero avere difficoltà nelle relazioni a causa della loro inattentività, emotività e impulsività.
- **Silenziosa o Interna**: La manifestazione dell'ADHD nelle donne può essere più "silenziosa" o interna rispetto ai colleghi maschi, rendendo così la diagnosi più difficile o ritardata.
- **Ansia e Depressione**: Molte donne con ADHD sperimentano anche alti livelli di ansia e/o depressione, che possono essere in parte una risposta alle sfide quotidiane presentate dal vivere con il disturbo.
  La comprensione dell'ADHD e di come si manifesta nelle donne è fondamentale per sviluppare strategie efficaci di gestione e supporto, sia a livello personale che clinico. La sezione introduttiva del libro dovrebbe gettare le basi per una discussione approfondita e compassionevole su come le donne con ADHD possano navigare attraverso varie sfide e come la società possa supportarle adeguatamente.

- **Gestione Quotidiana e Vita Domestica**: La vita quotidiana per una donna con ADHD può presentare una serie di sfide nell'ambito dell'organizzazione domestica e della gestione dei compiti quotidiani. Le difficoltà nell'organizzare, pianificare e gestire il tempo possono tradursi in ambienti disordinati, dimenticanze e procrastinazione. Queste difficoltà non sono indicative di pigrizia o mancanza di impegno, ma sono piuttosto conseguenze dirette dell'inattentività e della disorganizzazione tipiche dell'ADHD. La routine domestica, come preparare i pasti, gestire le faccende domestiche e coordinare gli impegni familiari, può richiedere uno sforzo e un'energia considerevoli.

- **Sfide nelle Relazioni Interpersonali**: Le donne con ADHD possono sperimentare sfide notevoli nelle relazioni interpersonali. La tendenza a interrompere gli altri, la difficoltà nel mantenere l'attenzione durante le conversazioni e la gestione impulsiva delle emozioni possono creare tensioni nelle interazioni sociali e nei rapporti più stretti. Questo può manifestarsi attraverso amicizie interrotte, difficoltà nei rapporti di coppia e sfide nella genitorialità.
- **Educazione e Apprendimento**: Durante gli anni scolastici e universitari, le donne con ADHD possono incontrare difficoltà sostanziali a causa della necessità di una costante organizzazione, pianificazione e gestione del tempo - competenze che possono essere particolarmente sfidanti. Potrebbero affrontare ostacoli nell'assorbire e processare informazioni, nella scrittura di saggi e relazioni, e nell'autoregolamentare lo studio. L'ADHD può inoltre contribuire a prestazioni

inconsistenti, dove l'individuo può eccellere in alcune aree e lottare considerevolmente in altre.

- **Vita Professionale**: Nella vita lavorativa, le donne con ADHD possono dover navigare in un ambiente che spesso esige multitasking, concentrazione prolungata e abilità organizzative affinate - tutte aree che possono essere complesse a causa del disturbo. La gestione di progetti, il rispetto delle scadenze, e la partecipazione a riunioni possono richiedere strategie e accomodamenti specifici. È fondamentale che le donne con ADHD sviluppino un insieme di strategie di coping e che i datori di lavoro offrano un ambiente di lavoro inclusivo e supportivo.
- **Questioni Legali e Diritto**: La conoscenza e la comprensione delle leggi e dei diritti sono cruciali per le donne con ADHD. Essere a conoscenza dei propri diritti in ambito lavorativo, educativo e sociale permette di richiedere e ottenere gli adeguamenti necessari e il supporto indispensabile per un percorso di vita e una carriera fruttuosi.
- **Vita Sentimentale**: Nella sfera sentimentale, la gestione delle emozioni, la comunicazione e la condivisione della vita quotidiana con un partner possono presentare delle sfide uniche per le donne con ADHD. La trasparenza, la comprensione e le strategie condivise sono

fondamentali per navigare in una relazione amorosa quando si è affetti da ADHD.
Le sfide che l'ADHD porta nella vita delle donne sono molteplici e complesse, spesso interconnesse, influenzando diversi ambiti della vita quotidiana e richiedendo un insieme personalizzato di strategie e supporti per navigare efficacemente attraverso di esse. L'approccio, quindi, deve essere olistico e multidimensionale, considerando tutte le aree della vita e come interagiscono tra loro. La discussione sull'ADHD nelle donne deve anche riflettere sulla resilienza, sulle forze e sulle abilità uniche che molte donne con ADHD possiedono, e come queste possano essere canalizzate positivamente nei vari ambiti della loro vita.

- **Maternità**: Per le donne con ADHD che diventano madri, la sfida può essere particolarmente intensa a causa delle richieste incessanti e della natura imprevedibile della genitorialità. La gestione di notti insonni, regimi alimentari, appuntamenti pediatrici, e attività scolastiche e ricreative può essere un territorio complesso e spesso stressante. La necessità di fornire un ambiente stabile e strutturato per i figli mentre si naviga attraverso le proprie sfide relative all'ADHD può richiedere un sostegno esterno e strategie di gestione specifiche.

- **Creatività e Innovazione**: D'altra parte, molte donne con ADHD sono notate per la loro creatività e pensiero fuori dagli schemi. L'energia e l'innovazione che portano nei loro campi possono spesso portare a risultati sorprendenti e unici, compensando, in alcuni casi, le sfide che il disturbo può portare. È importante notare e celebrare i successi e le vittorie, non solo per dare un quadro equilibrato ma per sottolineare che l'ADHD non è definibile solo attraverso una lente di deficit o difficoltà.
- **Networking e Connessioni Sociali**: Le donne con ADHD potrebbero trovare sfidante il networking o la partecipazione a eventi sociali a causa della natura spesso stimolante e distrattiva di tali ambienti. D'altra parte, alcune donne con ADHD possono trovare il loro elemento in ambienti sociali dinamici, sfruttando la loro spesso contagiosa energia e genuinità per connettersi con gli altri in modo autentico.
- **Mente e Corpo**: Non va dimenticato l'impatto dell'ADHD sulla connessione mente-corpo. La regolazione dell'attenzione, la gestione dello stress e le fluttuazioni emotive possono avere un impatto diretto sul benessere fisico. A tal proposito, pratiche come lo yoga, la meditazione o altre forme di esercizio fisico che enfatizzano una connessione mente-corpo possono essere strumenti preziosi.

- **Spiritualità**: La spiritualità può anche svolgere un ruolo nella vita delle donne con ADHD, offrendo un percorso per la riflessione interna, la pace e l'ancoraggio. La pratica spirituale, indipendentemente dalla religione o dalla filosofia di vita, può offrire un rifugio e uno spazio per il rilassamento mentale, che può essere particolarmente prezioso.
- **Sfide Nello Sviluppo di Carriera**: Nel contesto lavorativo, le donne con ADHD possono trovare difficoltà nella progressione di carriera a causa delle sfide nell'organizzazione, gestione del tempo e percezione da parte dei colleghi e dei superiori. Talvolta, potrebbero dover fronteggiare stereotipi e pregiudizi legati al loro modo di operare, che può essere percepito come caotico o inconsueto, ma che, se canalizzato correttamente, può portare a innovazioni e soluzioni creative.
- **Autonomia Finanziaria**: Le questioni finanziarie, come già accennato, sono un aspetto rilevante, ma approfondendo, va considerato anche come la gestione monetaria, gli investimenti e la pianificazione finanziaria a lungo termine siano aspetti critici che possono necessitare di strategie ben definite per prevenire stress e ansie future legate alla sicurezza economica.

- **Salute Mentale**: È cruciale considerare l'impatto complessivo dell'ADHD sulla salute mentale di una donna. Oltre all'ansia e alla depressione, l'ADHD può influenzare l'autopercezione, il senso di competenza e la propria identità, dovendo spesso confrontarsi con una società che non comprende pienamente le sfide e la complessità del vivere con l'ADHD. Ogni sfaccettatura della vita di una donna con ADHD è intricata e multidimensionale, offrendo sia sfide che opportunità uniche. L'adattamento, la crescita e il benessere sono possibili attraverso un amalgama di autocomprensione, strategie personalizzate, e sostegno da una comunità che comprende e valida le esperienze di vivere con l'ADHD. La narrazione intorno alle donne con ADHD deve essere abbondante, onnicomprensiva e riflettente, andando oltre la superficie per esplorare in profondità le realtà, le lotte e i trionfi di navigare attraverso la vita con questo disturbo complesso e sfaccettato.

La vita di una donna con ADHD è un mosaico di sfide, vittorie, strategie, scoperte e una continua navigazione attraverso acque talvolta agitate. Ogni punto precedentemente discusso rappresenta un capitolo della sua storia, offrendo non solo uno sguardo alle difficoltà incontrate, ma anche agli innegabili talenti, potenzialità e successi che molte donne con ADHD manifestano nei vari ambiti della vita.

Conclusione del Punto 1: Introduzione e Definizione di ADHD

ADHD: Un Panorama Ampio e Multidimensionale

L'ADHD nelle donne si manifesta attraverso una moltitudine di sfaccettature e vissuti, sottolineando l'importanza di un'analisi profonda che esplora ogni angolo di questa esperienza. È imperativo notare che, mentre l'ADHD porta con sé sfide innegabili, non deve essere percepito unicamente come un ostacolo da superare, ma anche come una parte integrante dell'individuo che può offrire una prospettiva unica e valorosa. Le donne con ADHD frequentemente dimostrano una resilienza ammirevole e una creatività scintillante che, con il giusto supporto e le giuste strategie, possono trasformarsi in strumenti potenti per navigare attraverso la vita.

Socio-Cultural Perspectives and Stigmatization

Da un punto di vista socio-culturale, è essenziale riconoscere e smantellare gli stereotipi e la stigmatizzazione spesso associati all'ADHD, soprattutto nel contesto femminile. La comprensione e l'accettazione sociale possono fornire alle donne con ADHD non solo il supporto necessario per prosperare, ma anche un contesto in cui la loro esperienza sia validata e celebrata. La creazione di spazi sicuri, sia fisici che digitali, dove le donne con ADHD possano condividere le loro esperienze, strategie e successi, è di fondamentale importanza per costruire una rete di sostegno e comprensione.

Support Networks and Advocacy

Le reti di supporto, sia a livello personale che professionale, assumono un ruolo cruciale nella vita delle donne con ADHD. Familiari, amici, colleghi e professionisti della salute mentale possono fornire un’ancora e un punto di riferimento costante nel loro percorso. Allo stesso modo, le organizzazioni di advocacy giocano un ruolo chiave nel portare alla luce le sfide e le necessità delle donne con ADHD, lottando per i loro diritti e assicurando che abbiano accesso alle risorse e ai supporti necessari.

Empowerment and Autonomy

L'empowerment e l'autonomia delle donne con ADHD passa attraverso l'educazione e la consapevolezza. Fornire loro gli strumenti e le conoscenze per comprendere a fondo il proprio disturbo, così come le strategie per affrontarlo, significa permettere loro di prendere il controllo della propria vita. Gli interventi, come il coaching, la terapia e i workshop di formazione, possono offrire competenze pratiche nella gestione del tempo, organizzazione e regolazione emotiva, contribuendo a forgiare un percorso verso l'autodeterminazione e il successo.

A Comprehensive Future Perspective

In ultima analisi, il discorso sulle donne con ADHD deve essere continuamente arricchito e ampliato per riflettere la complessità e la diversità delle loro esperienze. Guardando al futuro, è essenziale che la ricerca, le politiche e le prassi siano inclusivi, sensibili e specifici per genere, assicurando che le voci delle donne con ADHD siano ascoltate, valorizzate e integrate in ogni conversazione, decisone e intervento riguardanti il disturbo. In tal modo, si afferma che l'ADHD non è un percorso definito da limitazioni, ma piuttosto un viaggio che, con il giusto sostegno e le adeguate strategie, può essere intrapreso con forza, determinazione e successo.

In chiudendo questo punto, l'obiettivo rimane quello di gettare una luce chiara e onnicomprensiva sull'ADHD nelle donne, enfatizzando la necessità di un approccio olistico che onori sia le sfide che le potenzialità, proponendo una narrativa che sia sia autentica che empowering.

2. Stigma Sociale • Problemi di identificazione e diagnosi nelle donne. • L'effetto dello stigma sociale sulle donne con ADHD.

2. Stigma Sociale
Problemi di identificazione e diagnosi nelle donne

L'identificazione e la diagnosi dell'ADHD nelle donne presenta delle sfide peculiari che sono strettamente legate alle dinamiche socioculturali e alle differenze di genere nella manifestazione del disturbo. Le donne, spesso, esprimono sintomi di ADHD in modi che possono divergere dalle presentazioni tipicamente riconosciute e, pertanto, possono non essere identificate prontamente o adeguatamente.

- **Manifestazioni Atipiche**: Le donne con ADHD possono manifestare sintomi che sono meno visibili esternamente, come la disorganizzazione interna, la difficoltà nella gestione delle emozioni, e la distrazione mentale, che possono essere erroneamente attribuiti ad altri fattori o semplicemente trascurati.
- **Aspettative di Genere**: Le aspettative socioculturali riguardo ai ruoli e ai comportamenti di genere possono mascherare o minimizzare i sintomi dell'ADHD nelle donne. Ad esempio, una ragazza che è sognatrice o distratta potrebbe non attirare la stessa

attenzione o preoccupazione di un ragazzo iperattivo o impulsivo.

- **Comorbilità**: Le donne con ADHD spesso presentano comorbilità come ansia e depressione, che possono mascherare i sintomi dell'ADHD o essere erroneamente identificate come la radice del problema, piuttosto che come condizioni concomitanti.
- **Percorsi Diagnostici Complessi**: La strada verso la diagnosi può essere complicata e tortuosa, con molte donne che ricevono diagnosi di ADHD solo in età adulta, a seguito di anni di frustrazioni e difficoltà non identificate.

L'effetto dello stigma sociale sulle donne con ADHD

Lo stigma sociale collegato all'ADHD può avere un impatto profondo sul benessere psicologico, emotivo e sociale delle donne affette da questo disturbo.

- **Invalidazione**: Le donne con ADHD possono vivere esperienze di invalidazione e minimizzazione delle loro difficoltà, spesso derivanti da una mancata comprensione del disturbo e da stereotipi dannosi.
- **Isolamento Sociale**: Lo stigma può portare a un isolamento sociale, dove le donne con ADHD possono ritirarsi dai contesti sociali per evitare giudizi, fraintendimenti o semplicemente perché trovano impegnative le dinamiche sociali.

- **Impatto sull'Autostima**: L'esperienza continua di sentirsi inadeguate o in difetto può erodere l'autostima, portando le donne con ADHD a sviluppare credenze negative su se stesse e sulle loro capacità.
- **Barriere Occupazionali**: Nell'ambito lavorativo, lo stigma e la mancanza di comprensione sull'ADHD possono tradursi in barriere significative, includendo sia la discriminazione diretta che ambienti di lavoro non supportivi o adattivi.
- **Accesso alle Cure**: Lo stigma sociale può anche influenzare l'accesso alle cure, poiché le donne possono esitare a cercare aiuto o potrebbero non essere prese sul serio quando esprimono le loro preoccupazioni e difficoltà ai professionisti della salute.

In definitiva, l'intreccio tra identificazione, diagnosi e stigma sociale nell'esperienza delle donne con ADHD è complesso e multifattoriale. Sfatare miti, promuovere la consapevolezza, e sviluppare sistemi di sostegno efficaci sono passi vitali verso la costruzione di una società più comprensiva e inclusiva, in cui le donne con ADHD possono prosperare e navigare attraverso la vita con resilienza e autenticità. Ogni sforzo per comprendere e supportare pienamente le donne con ADHD contribuisce a scardinare lo stigma e apre la strada verso un futuro di accettazione, supporto e empowerment.

Lo stigma sociale che pervade l'esperienza delle donne con ADHD non soltanto si intreccia con le sfide quotidiane ma permea anche i diversi aspetti della loro esistenza, configurando una realtà in cui la lotta per la legittimazione e la comprensione si fonde con il percorso di autogestione del disturbo. Nell'analizzare lo stigma, s'imbatte inevitabilmente nella considerazione di come le narrativi socioculturali influenzino la percezione dell'ADHD, particolarmente nelle donne, creando un mosaico di pregiudizi, misconoscimenti e inerzie che increspano il cammino verso il riconoscimento e l'assistenza adeguata.
Osservando lo scenario sociale, risulta evidente che le donne con ADHD affrontano un doppio carico, gestendo sia le sfide intrinseche al disturbo sia quelle che derivano da una società che spesso si mostra inadeguata nell'accogliere e comprendere la complessità del loro vissuto. Si evidenziano circostanze in cui lo stigma sociale agisce sottilmente, infiltrandosi nelle interazioni quotidiane, nelle aspettative, e nei giudizi impliciti che le donne con ADHD sperimentano regolarmente. Le percezioni esterne spesso interiorizzate possono, in alcuni casi, modellare

l'autopercezione, generando un ciclo di autocritica e dubbio che può risultare insidioso. A scuola o nell'ambiente di lavoro, le donne con ADHD possono percepire una pressione costante per "mascherare" o compensare i loro sintomi in modi che non compromettano la percezione altrui della loro competenza e affidabilità. La pressione per conformarsi a una norma neurotipica può non solo risultare mentalmente ed emotivamente esauriente ma anche forgiare un ambiente in cui la loro autenticità è continuamente soffocata dalla necessità di adattamento. Questa mascheratura continua può avvolgerle in un velo di invisibilità, dove il loro vero sé e le loro autentiche esperienze sono nascoste, sia agli altri che, in certi momenti, a se stesse.

L'intreccio tra la dimensione personale e quella sociale delle donne con ADHD è caratterizzato anche da una ricerca continua di equilibrio e legittimazione. La storia di ciascuna donna diventa un racconto di resilienza, di resistenza allo stigma e, in molte occasioni, di autenticità ritrovata. La ricerca di un senso di appartenenza, di una comunità in cui le loro esperienze siano validate e comprese, diventa essenziale. Molti trovan rifugio in gruppi di supporto, in cui le storie condivise diventano fonti di forza collettiva e individuale, e dove il senso di isolamento può

essere mitigato dal riconoscimento e dalla comprensione mutua.
In queste comunità, il dialogo su come navigare attraverso un mondo che frequentemente minimizza o fraintende l'ADHD diventa centrale. Qui, strategie per fronteggiare le sfide quotidiane si intrecciano con discorsi su come affrontare e smantellare lo stigma sociale che circonda il disturbo. Questi spazi possono trasformarsi in piattaforme da cui lanciare iniziative di sensibilizzazione, creando ponti di dialogo con la società più ampia e promuovendo una narrativa che sia tanto informativa quanto umanizzante.
L'istruzione diventa così una spada a doppio taglio, dove le donne con ADHD apprendono non solo su come navigare il proprio percorso, ma anche su come educare gli altri. La disseminazione di informazioni accurate e la demistificazione dell'ADHD nei vari ambiti della società, dalle scuole ai luoghi di lavoro fino agli ambienti sociali, si evidenziano come strumenti potenti per erodere lo stigma e costruire un futuro in cui le donne con ADHD siano riconosciute, valorizzate e supportate in ogni aspetto della loro vita.

Conclusione Punto 2: Stigma Sociale
L'intricato tappeto delle sfide emerse nella trama delle vite delle donne con ADHD, profondamente intrecciato con i fili dello stigma sociale, richiede un'attenta e sensibile destrutturazione.
Confrontando il peso dell'invisibilità e dell'incomprensione, la trama della loro vita diventa un'espressione tangibile delle lotte quotidiane e delle vittorie spesso inosservate.
Le donne con ADHD affrontano non solo le sfide inerenti al disturbo ma anche quelle imbricate nelle aspettative sociali e negli stereotipi di genere, componendo un mosaico che riflette non solo la lotta personale ma anche quella collettiva.
La lotta per la legittimazione, l'equità e l'inclusione si svolge su diversi fronti: l'ambiente domestico, l'istruzione, il lavoro e i contesti sociali, ciascuno presentando un proprio insieme unico di sfide e opportunità.
Navigare nella Normalità Sociale La normalità prescritta dalla società si erge spesso come un ostacolo invisibile ma pervasivo, dove le donne sono indotte a conformarsi a modelli comportamentali e ruoli sociali che possono andare in contrasto con le loro autentiche espressioni di sé. Il compito di mantenere una facciata di normalità non solo esacerba le sfide della gestione dell'ADHD ma sovrappone anche

una pressione aggiuntiva che può erodere il benessere mentale ed emotivo.

Il Valore della Comunità Le comunità e le reti di sostegno emergono come faro nella tempesta, luoghi in cui le donne possono togliersi la maschera, respirare e trovarsi in un luogo di accettazione e comprensione. Tali spazi diventano fondamentali non solo come fonti di supporto ma anche come piattaforme per l'attivismo, l'educazione e il cambiamento sociale.

Educazione e Consapevolezza Per smantellare lo stigma e costruire ponti di comprensione, l'educazione emerge come un elemento centrale. Educare la società riguardo la realtà dell'ADHD, sfatando miti e misconoscenze, è un passo cruciale verso la creazione di un ambiente inclusivo. Lavorare con le istituzioni educative, i datori di lavoro e la società in generale per promuovere la consapevolezza e la comprensione dell'ADHD nelle donne contribuisce a creare un fondamento su cui costruire pratiche inclusive e sostenibili.

Verso un Futuro di Inclusione Creare un futuro in cui le donne con ADHD siano liberamente autentiche e pienamente supportate richiede uno sforzo collettivo e multidimensionale. Dall'implementazione di politiche inclusive nei luoghi di lavoro e istituti

educativi, allo sviluppo di risorse e supporti specifici, il cammino avanti si dispiega attraverso una pluralità di azioni e iniziative.
In conclusione, le vite delle donne con ADHD sono riccamente tessute con storie di resilienza, innovazione, e lotta continua contro le barriere invisibili dello stigma e della incomprensione. Mentre celebriamo le vittorie e onoriamo le sfide, l'invito è per una presa d'atto collettiva verso un futuro in cui ogni donna con ADHD possa brillare autenticamente, libera da giudizi, misconoscenze e stigma. La chiave risiede nell'abbracciare la diversità delle esperienze, promuovendo una società in cui ogni storia è vista, ogni voce è ascoltata, e ogni individuo è valorizzato nella sua unicità e complessità.

3. Differenze di Genere • Differenze nella manifestazione dell'ADHD tra uomini e donne.

L'analisi delle differenze di genere nella manifestazione dell'ADHD illumina un vasto e complesso spettro di esperienze e sfide che si sviluppano in modo distintivo tra uomini e donne. La comprensione delle divergenze nelle espressioni e nelle implicazioni del disturbo richiede un esame attento che permea diversi ambiti e fasi della vita.

Differenze nella Manifestazione Sintomatologica

Le discrepanze nella manifestazione dell'ADHD tra generi iniziano ad emergere già durante l'infanzia e si intensificano e modificano nel corso della vita.

1. **Sintomi e Diagnosi Precoce:**
    - Gli uomini sono spesso diagnosticati durante l'infanzia, principalmente a causa di sintomi iperattivi e impulsivi più evidenti e comportamenti disturbanti in classe.
    - Al contrario, le donne tendono a manifestare ADHD in modi meno vistosi, spesso essendo sognatrici distratte o quietamente disorganizzate, il che può ritardare o persino far mancare una diagnosi.
2. **Espressione Comportamentale:**
    - Mentre la rabbia e l'aggressività sono spesso correlate agli uomini con ADHD, le donne tendono a internalizzare i loro conflitti, cosa che può manifestarsi come ansia o depressione.
    - Le donne possono anche lottare con l'auto-percezione e l'immagine corporea, aspetti che potrebbero essere meno prevalenti o manifestarsi diversamente negli uomini.

Differenze nelle Sfide Quotidiane

1. **Organizzazione e Pianificazione:**
    - Entrambi i generi lottano con l'organizzazione, ma mentre gli uomini potrebbero semplicemente apparire disordinati, le donne potrebbero sentirsi sopraffatte e stressate nel cercare di mantenere l'apparenza di controllo.
    - Le donne spesso assumono il ruolo di organizzatrici familiari, il che può risultare particolarmente gravoso se stanno anche gestendo l'ADHD.
2. **Relazioni e Interazioni Sociali:**
    - Le donne con ADHD possono incontrare sfide nell'intrecciare e mantenere relazioni a causa della disorganizzazione, della dimenticanza e delle difficoltà nell'ascolto attivo
    - D'altro canto, gli uomini potrebbero incontrare sfide nel controllo degli impulsi e nel mantenere la pazienza nei contesti sociali e familiari.

Differenze nella Coping e Strategie di Adattamento

- Gli uomini possono inclinare verso strategie di coping esteriorizzate, incluse le difficoltà con l'autorità e la sfida delle norme e delle regole.
- Le donne, invece, possono sviluppare meccanismi di coping internalizzati e potrebbero

impegnarsi in comportamenti auto-sabotanti o diventare eccessivamente auto-critiche.

Differenze nella Percezione Sociale e Aspettative di Ruolo

- Le donne, in particolare, possono sperimentare ulteriori pressioni a causa delle aspettative sociali e di genere, come l'essere organizzate e attente ai dettagli, e possono sentirsi inadeguate quando lottano in queste aree.
- Gli uomini possono sentire la pressione di esprimere una forza e una stabilità che possono essere erose da sintomi non gestiti di ADHD, portando a frustrazione e autopercezione negativa.

Considerazioni sull'Autostima e Sviluppo dell'Identità

- Le donne con ADHD possono trovarsi a lottare con l'autostima a causa di una costante sensazione di non raggiungere le proprie aspettative o quelle degli altri e possono sviluppare una maschera di perfezione o compiacenza.
- Gli uomini potrebbero distaccarsi o respingere l'autorità come mezzo per proteggere la loro autostima, navigando tra il desiderio di autonomia e le sfide poste dal mantenere l'ordine e la coerenza.

Incorporare queste diversità nella narrazione dell'ADHD significa ampliare la nostra comprensione e accettazione del disturbo in tutte le sue manifestazioni. L'illuminazione delle varie sfumature tra e dentro i generi non solo informa meglio gli approcci di sostegno e intervento ma contribuisce anche a erodere gli stereotipi e le mispercezioni prevalenti attorno all'ADHD, aprendo la via a un dialogo più inclusivo, empatico e informato.

Continuazione Punto 3: Differenze di Genere e ADHD

Nel sondare ulteriormente la complessità delle differenze di genere nel contesto dell'ADHD, è vitale considerare le molteplici sfaccettature che s'incontrano e s'intrecciano tra di loro, formando un quadro intrinseco e multidimensionale. L'intreccio tra le manifestazioni cliniche dell'ADHD e la complessità delle identità di genere mette in luce la necessità di una pratica clinica e di supporto che sia altamente personalizzata, flessibile e olistica.

Impatto dell'ADHD sul Percorso di Vita

Considerando il percorso di vita delle persone con ADHD, le donne spesso si imbattono in sfide uniche e multiformi, dovute a un'interazione tra le manifestazioni del disturbo e le aspettative socio-culturali. Esaminando le diverse fasi della vita, dalla giovinezza, attraverso l'adolescenza, l'età adulta e oltre, le donne con ADHD potrebbero navigare attraverso una serie di ostacoli e adattamenti.

- **Giovinezza:** Nella primissima infanzia e nei primi anni della scuola, le ragazze con ADHD potrebbero affrontare difficolta' nell'instaurare relazioni coeve a causa di problemi con il controllo degli impulsi o con la regolazione emotiva.
- **Adolescenza:** Mentre attraversano l'adolescenza, le sfide possono evolvere e mescolarsi con le complessità della pubertà e delle dinamiche sociali emergenti. Le adolescenti con ADHD possono sperimentare una maggiore suscettibilità a problemi di immagine corporea, distorsioni cognitive e sfide relative al benessere emotivo.
- **Età Adulta:** Navigando attraverso l'età adulta, le donne incontrano sfide correlate all'equilibrio tra lavoro, forse maternità, e gestione della propria salute mentale. Le pressioni sociali legate al successo professionale, alla cura e all'educazione dei figli e alla gestione del nucleo familiare possono creare un terreno fertile per lo stress e l'ansia.

Il Ruolo della Resilienza

Altrettanto degna di nota è la resilienza esibita da molte donne con ADHD. Nonostante le sfide che emergono dal navigare attraverso gli ostacoli presentati sia dall'ADHD che dalle aspettative di genere, molte donne creano percorsi di vita arricchenti e soddisfacenti, spesso diventando avvocate per se stesse e per gli altri nel processo. Questa resilienza, tuttavia, non deve essere vista come scontata, e le storie di successo non devono oscurare le continue lotte e sfide che molte donne con ADHD affrontano quotidianamente.

Intrecci con Altre Condizioni

L'ADHD non esiste in un vuoto; è spesso concomitante con una varietà di altre condizioni, che possono presentarsi e interagire diversamente tra uomini e donne. Ad esempio, mentre gli uomini con ADHD possono essere più propensi a esibire comportamenti esternalizzanti e problematici, le donne potrebbero inclinare verso problemi interni come l'ansia e la depressione. La comorbilità dell'ADHD con altre condizioni richiede una comprensione profonda e nuanciata delle dinamiche uniche che possono emergere a seconda del contesto di genere.

L'importanza delle Reti di Supporto e Mentoring

Le reti di supporto e mentoring assumono un ruolo fondamentale nel facilitare percorsi positivi per le donne con ADHD. La creazione di spazi sicuri, in cui le esperienze possono essere condivise e le strategie possono essere discusse, serve non solo come fonte di conforto ma anche come mezzo per trasmettere conoscenza e strategie utili. L'empowerment attraverso l'educazione e la condivisione di storie di resilienza e successo può agire come un catalizzatore potente per il cambiamento positivo, sia a livello individuale che collettivo.

Considerazione della Diversità

Infine, è essenziale considerare l'ADHD all'interno di una prospettiva che riconosca e onori la diversità. Le donne provengono da una vasta gamma di contesti culturali, etnici e sociali, ciascuno dei quali porterà le proprie sfumature e contesti alle esperienze di ADHD. L'inclusione di voci e esperienze diverse nelle discussioni e nelle ricerche su ADHD e genere è fondamentale per costruire una comprensione che sia veramente rappresentativa e inclusiva.

Questi intrecci e intersezioni tra ADHD e genere rimangono un campo fertile per ulteriori esplorazioni e ricerche. Avanzare in questo dialogo significa non solo esplorare le sfide ma anche celebrare i successi, riconoscendo le molte donne con ADHD che hanno forgiato percorsi significativi e impattanti attraverso i loro contesti unici. E così, il discorso si snoda, arricchendosi di nuove scoperte, storie e comprensioni, tessendo un tapestry che cattura la complessa bellezza e sfida dell'essere una donna con ADHD.

Approfondire ulteriormente il dialogo sulle differenze di genere nell'ADHD, specialmente considerando le complessità, le sfide e le opportunità incontrate dalle donne, è essenziale per garantire un supporto completo e significativo.

Ripercussioni nelle Relazioni e nella Comunicazione

Le donne con ADHD possono affrontare sfide uniche nelle relazioni interpersonali e nella comunicazione, dovute alle specificità del loro vissuto del disturbo:

- La dimenticanza, la distrazione e le difficoltà nel mantenere l'attenzione durante le conversazioni possono dare luogo a fraintendimenti o sentimenti di trascuratezza tra partner, amici o colleghi.
- La gestione delle emozioni, particolarmente l'auto-regolazione delle risposte emotive, può essere un'altra area delicata e spesso le donne si trovano a navigare tra il proprio vissuto emotivo interno e le aspettative esterne di calma e raccoglimento.

Aspetti Legati alla Carriera e al Lavoro

Nel contesto lavorativo, le donne con ADHD possono incontrare sfide e opportunità distintive:

- La tendenza alla procrastinazione o la difficoltà nel completare compiti che richiedono una concentrazione prolungata può influenzare la progressione di carriera e la percezione da parte dei colleghi e dei superiori.

- D'altro canto, la creatività, la capacità di pensiero laterale e spesso un'innata empatia possono posizionare le donne con ADHD come risolutori di problemi unici e leader empatici, a patto che tali qualità vengano riconosciute e valorizzate.

La Dimensione della Salute e del Benessere

- Le donne con ADHD possono trovarsi a fronteggiare sfide specifiche legate al benessere fisico, come una maggiore incidenza di infortuni o negligenze legate alla distrattezza e all'impulsività.
- Le questioni relative al sonno, che includono difficoltà ad addormentarsi e a mantenere un sonno regolare, possono essere esacerbate dalla mente sempre attiva e dalle difficoltà di regolazione proprie dell'ADHD.
- Inoltre, le questioni di alimentazione e nutrizione possono emergere, data la tendenza ad agire d'impulso e, a volte, a cercare la gratificazione immediata attraverso il cibo.

Autopercezione e Identità

La formazione dell'identità e dell'autopercezione nelle donne con ADHD è un viaggio complesso e multiforme, spesso intriso di contrasti tra la percezione interna e le aspettative esterne:

- La costante lotta tra le sfide dell'ADHD e l'impegno per adempiere ai ruoli e alle aspettative sociali può dar luogo a un conflitto interiore persistente e a questioni di autostima.
- La creazione di un'identità che accolga sia le sfide che le potenzialità dell'ADHD, senza ridurre la persona al suo disturbo, è una danza delicata che molte donne con ADHD eseguono attraverso la vita.

Accedere al Supporto Appropriato

La questione dell'accesso al supporto, sia da un punto di vista clinico che sociale, è centrale quando si esplorano le vite delle donne con ADHD:

- Nonostante una crescente consapevolezza dell'ADHD, esistono ancora significative lacune e barriere nell'accesso ai servizi, con molte donne che ricevono diagnosi e supporto soltanto in età adulta.
- La comunità e i supporti online svolgono un ruolo sempre più vitale nel fornire spazi di condivisione, informazione e sostegno, ma è essenziale che tali risorse siano inclusivi, autentici e basati su informazioni accurate e validate.

Conclusione Provvisoria

Mentre navigano attraverso le molteplici dimensioni della vita, le donne con ADHD portano con sé non solo le sfide del disturbo ma anche un incredibile spettro di capacità, risorse e potenzialità. Esplorare queste molteplici sfaccettature senza conclusione o categorizzazione netta consente una comprensione olistica e un'apprezziazione del vissuto femminile nell’ambito dell'ADHD. La trama continua a svilupparsi, rivelando sempre più strati di comprensione, che, si spera, conducano verso una pratica e un sostegno sempre più affinati, empatici e personalizzati.

Conclusione Punto 3: Differenze di Genere e ADHD

Unendo i Filamenti della Comprensione

Nell’esplorare il ricco e complesso tapestry che intreccia l'ADHD, il genere e le molteplici sfaccettature della vita delle donne, emergono distinti fili di comprensione, sfida e resilienza. La manifestazione dell'ADHD nelle donne è un territorio ancora in parte inesplorato, caratterizzato da specifiche sfide che sono permeate e, a volte, amplificate dalle aspettative e dai ruoli di genere socioculturalmente costruiti. In questo contesto, l'autopercezione delle donne, le loro traiettorie di vita e le relazioni si sviluppano in un ambiente dove la neurodiversità incontra e si scontra talvolta con norme e presupposti spesso rigidi e definiti.

Esplorare Oltre gli Stereotipi
Superare gli stereotipi e le interpretazioni convenzionali dell'ADHD è fondamentale per sviluppare un approccio che sia genuinamente supportivo e che incoraggi il pieno dispiegamento del potenziale delle donne con questo disturbo. La rimozione di barriere nell'accesso ai servizi di diagnosi e supporto, la modulazione delle terapie e delle strategie di coping in modo che siano sintonizzate con le esperienze vissute delle donne, e la creazione di spazi di dialogo e condivisione autentica emergono come pietre miliari su questo percorso.
Integrazione di Diverse Prospettive
Abbracciare una prospettiva che integri il biologico, il psicologico e il sociale, riconoscendo l'incidenza e l'importanza di ciascun dominio nella vita delle donne con ADHD, si rende cruciale. Questo non solo fornisce un contesto più olistico e autentico per comprendere e supportare l'ADHD, ma offre anche una piattaforma dalla quale costruire futuri sforzi di ricerca, pratica clinica e sviluppo di policy.
Promuovere l'Empowerment
L'empowerment delle donne con ADHD attraverso l'educazione, la consapevolezza e il supporto pratico è un ulteriore passo fondamentale verso l'attivazione di traiettorie di vita positive e arricchenti. Facilitare il dialogo e

fornire piattaforme su cui le voci delle donne possano essere elevate e sentite contribuisce non solo a sfidare e a smantellare le narrative pregiudizievoli esistenti, ma apre anche la via per lo sviluppo di una cultura più inclusiva e accogliente.

Conclusione

Nell'esplorazione del crocevia tra ADHD e genere, le storie, le sfide e i trionfi delle donne con ADHD risuonano con un'eco che chiede di essere ascoltata, compresa e onorata. I fili tessuti attraverso le narrative individuali e collettive delle donne forniscono un quadro che è, allo stesso tempo, ricco di sfumature e sfaccettature, invitando a un'esplorazione più profonda e a un dialogo costante. La conclusione, quindi, non è un punto di arrivo, ma piuttosto un invito: un invito a continuare ad ascoltare, apprendere e esplorare, accompagnando le donne con ADHD in un viaggio di autenticità, riconoscimento e, soprattutto, di celebrazione delle molteplici, straordinarie forme in cui la neurodiversità si manifesta e si sviluppa.

4. Diagnosi nelle Donne • Processo e sfide nella diagnosi dell'ADHD nelle donne.

Diagnosi nelle Donne: Un Percorso Tortuoso e Multiforme

Introduzione: La Diagnosi come Punto di Svolta

La diagnosi di ADHD nelle donne rappresenta un momento cruciale che può portare alla chiarezza, alla comprensione e all'implementazione di strategie di coping e gestione. Tuttavia, il percorso verso la diagnosi è spesso complicato da una serie di barriere e sfide, molte delle quali emergono dalla complessa interazione tra manifestazioni sintomatologiche e influenze socioculturali.

Disparità di Genere nella Diagnosi

1. **Stereotipi e Bias di Genere:**
    - Le concezioni tradizionali dell'ADHD sono state storicamente modellate su studi e osservazioni condotte prevalentemente su maschi.
    - Gli stereotipi riguardo al comportamento "tipico" maschile e femminile possono mascherare o minimizzare i sintomi dell'ADHD nelle donne, spesso attribuendoli ad altre caratteristiche personali o a fattori ambientali.
    -

2. **Manifestazioni Sintomatologiche Diverse:**
    - Le donne con ADHD possono esprimere sintomi che divergono da quelli comunemente associati al disturbo, come l'iperattività fisica.
    - Le manifestazioni, come la distrazione mentale, la procrastinazione e le difficoltà organizzative, possono essere erroneamente scartate o attribuite a stress o altre condizioni.

Influenza del Contesto Sociale e Culturale

- **Aspettative Socioculturali:**
    - Le donne sono frequentemente sottoposte a forti pressioni per conformarsi a ruoli sociali che enfatizzano la cura, l'organizzazione e la gestione efficace delle sfere domestiche e relazionali.
    - Questo può a volte significare che le donne con ADHD sviluppano strategie di coping altamente perfezioniste o auto-esigenti per "mascherare" le loro sfide, rendendo meno evidenti i sintomi al di fuori.
- **Riconoscimento e Validazione delle Esperienze Femminili:**
    - Le storie e le esperienze delle donne con ADHD sono state, per molti anni, sminuite o non completamente riconosciute nel discorso clinico e pubblico sull'ADHD.

    - Ciò sottolinea l'importanza di spazi di dialogo e rappresentazione che validino e illuminino le molteplicità dei percorsi di vita delle donne con ADHD.

La Diagnosi in Età Adulta

- **Ritardo nella Diagnosi:**
    - Molte donne ricevono una diagnosi di ADHD in età adulta, dopo anni, o addirittura decenni, di non comprensione delle loro sfide e potenziali inespressi.
    - Questo ritardo può avere implicazioni significative per l'autostima, le traiettorie di vita e le identità di queste donne, spesso portando con sé un bagaglio di esperienze di lotta e resilienza.
- **La Diagnosi come Illuminazione o Sconvolgimento:**
    - Mentre per alcune, la diagnosi può portare sollievo e chiarificazione, per altre può scatenare un periodo di rielaborazione dell'identità e riflessione sugli anni trascorsi senza conoscenza del loro disturbo.
    - Il supporto post-diagnosi, pertanto, emerge come fondamentale per navigare attraverso questi sentimenti complessi e per costruire percorsi positivi in avanti.

Conclusioni Parziali e Prospettive Future

Mentre si esplorano i vari aspetti e sfumature legate alla diagnosi di ADHD nelle donne, diventa imperativo continuare a sviluppare prassi diagnostiche che siano sensibili alle diversità di espressione sintomatologica e alle specificità delle esperienze femminili. Questo coinvolge l'integrazione delle voci delle donne nei discorsi clinici, di ricerca e di policy, assicurando che le future generazioni di donne con ADHD siano riconosciute, comprese e supportate in modo autentico e olistico attraverso tutte le fasi della loro vita. La strada verso una diagnosi equa e arricchente per le donne con ADHD è tuttora in costruzione e richiede un impegno collettivo per assicurare che ogni donna possa brillare nella sua unicità e forza.

Diagnosi nelle Donne: Un Cammino Complesso da Decifrare

Le Dimensioni Evolutive della Diagnosi

La diagnosi di ADHD nelle donne può esporre una varietà di questioni evolutive. Ad esempio, l'ADHD può manifestarsi in modi diversi nelle varie fasi della vita di una donna, e tali cambiamenti possono influire sulla percezione dei sintomi e sulla gestione degli stessi nel tempo. Le donne potrebbero notare variazioni nei sintomi e nelle sfide relative all'ADHD durante la pubertà, la gravidanza o la menopausa, a causa delle fluttuazioni ormonali e dei cambiamenti della vita che questi periodi spesso comportano.

Intersezione con Altre Condizioni

- **Comorbidità e Mascheramento:**
    - L'ADHD nelle donne spesso coesiste con altre condizioni, come l'ansia e la depressione, che possono mascherare i sintomi dell'ADHD o complicare ulteriormente il processo di diagnosi e gestione.
    - Il bisogno di un'analisi più approfondita dell'interazione tra ADHD e altre condizioni mentali nelle donne non può essere sottolineato abbastanza, in quanto le strategie di trattamento e sostegno dovranno inevitabilmente indirizzare queste intersezioni.
- **Disordine da Alimentazione Incontrollata e ADHD:**
    - Le donne con ADHD possono sperimentare maggiori difficoltà con la gestione del peso e con comportamenti alimentari non regolari o impulsivi, aspetti che a volte sono tralasciati nei dialoghi comuni sull'ADHD.

Diagnosi e Dinamiche Relazionali

- **Relazioni e Identità:**
  - La diagnosi di ADHD può avere un impatto significativo sulle dinamiche relazionali e sulla percezione dell'identità femminile, con le donne che potrebbero riflettere su come il disturbo ha influenzato il loro passato relazionale e come potrebbe influenzare il futuro.
- **Madri e Figlie:**
  - L'interazione tra le madri con ADHD e le loro figlie richiede un esame attento, in quanto la comprensione e la gestione dell'ADHD all'interno del contesto familiare possono offrire approfondimenti chiave su come il sostegno e la comprensione possano essere modellati in modo efficace.

Educazione e ADHD nelle Donne

- **Battaglie Silenziose nel Contesto Educativo:**
  - Nonostante le donne possano eccellere accademicamente, alcune lottano silenziosamente con le sfide organizzative e attentive senza che vengano identificate come problematiche legate all'ADHD.

- **Accomodamenti e Supporti Educativi:**
    - L'implementazione e la personalizzazione di strategie di supporto all'interno del contesto educativo sono fondamentali per facilitare traiettorie accademiche positive per le donne con ADHD.

La Diagnosi attraverso l'Arco della Vita

- **Fasi della Vita e Transizioni:**
    - La transizione dalla scuola al lavoro, da single a coppia, o diventare madri, sono tutte fasi che possono mettere in luce nuove sfide e necessitare di una ri-valutazione delle strategie di gestione dell'ADHD.

Sul Lavoro

- **Ambiente di Lavoro e Carriera:**
    - La necessità di creare ambienti di lavoro inclusivi e supportivi per le donne con ADHD deve essere una priorità, garantendo che le competenze e i talenti possano essere espressi senza essere ostacolati da barriere invisibili ma persistenti.

Innovazioni e Ricerche Future

- **Avanzamenti nella Ricerca:**
    - Pur avendo fatto progressi significativi, la ricerca sulle donne con ADHD richiede ulteriore approfondimento, con un focus particolare sulla variabilità e sulla pluralità

delle esperienze femminili attraverso l'arco della vita.

- **Tecnologia e Strumenti Diagnostici:**
    - L'innovazione tecnologica potrebbe offrire nuovi strumenti e metodi per affrontare le sfide diagnostico-terapeutiche relative all'ADHD nelle donne, inclusi approcci personalizzati che considerano le specificità del singolo individuo.

Queste sfaccettature della diagnosi e dell'esperienza con l'ADHD nelle donne sottolineano la vastità e la profondità del tema, richiedendo un esame accurato e un dialogo continuo per navigare con attenzione attraverso le varie dimensioni e implicazioni connesse a questa tematica. Nel progresso di questo discorso, l'empatia, la comprensione e l'inclusione devono guidare il cammino verso l'illuminazione e il sostegno di ogni donna nel suo unico viaggio con l'ADHD.

Diagnosi nelle Donne: Esplorando Altre Dimensioni e Implicazioni

L'ADHD, le Donne e la Salute Mentale Globale

- **Salute Mentale e Benessere Psicologico:**
    - La diagnosi tardiva o mancata di ADHD nelle donne può portare a lunghe sequenze di stress cronico, con impatti a catena sulla

salute mentale e sul benessere generale. Questo può comprendere anche un aumento del rischio di sviluppare altre condizioni, come i disturbi dell'umore e dell'ansia, o l'abuso di sostanze.

Sfide nella Gestione Quotidiana

- **Gestione del Tempo e Organizzazione:**
  - L'ADHD può portare sfide significative in termini di gestione del tempo e organizzazione per le donne, che possono trovarsi a dover bilanciare esigenze di lavoro, famiglia, e autogestione, il tutto mentre navigano attraverso le proprie sfide personali legate al disturbo.
- **Motivazione e Consistenza:**
  - La regolazione della motivazione e l'applicazione consistente delle strategie di gestione potrebbero necessitare di un approccio differenziato nelle donne con ADHD, considerando le unicità della loro esperienza e delle loro sfide.

Impatti sulla Vita Familiare e Parenting

- **Parenting con ADHD:**
  - Le donne con ADHD che sono madri possono affrontare sfide distinte nel parenting, connettendo le loro esperienze personali con l'ADHD alle dinamiche di interazione con i figli, specialmente se anche questi ultimi presentano il disturbo.

- **Relazioni e Connettività Familiare:**
    - Esplorare come l'ADHD influenzi le dinamiche relazionali all'interno della famiglia, come la comunicazione, la risoluzione dei conflitti, e la connettività emotiva è fondamentale per sviluppare supporti e strategie mirate.

Connettività Sociale e Isolamento

- **Socializzazione e Amicizie:**
    - Le donne con ADHD possono vivere sfide nel costruire e mantenere relazioni sociali a causa delle difficoltà nell'attenzione, nella gestione del tempo e nelle dinamiche comunicative. Capire come navigare in queste sfide e sviluppare connessioni significative è vitale.

Approcci Terapeutici e di Supporto

- **Modalità di Intervento:**
    - La terapia e il coaching per l'ADHD dovrebbero essere adattati per riflettere e sostenere le sfide specifiche che le donne con ADHD incontrano, con un focus anche sugli aspetti emotivi e relazionali della gestione del disturbo.
- **Gruppi di Supporto:**
    - L'importanza dei gruppi di supporto e delle comunità dove le donne con ADHD possono condividere le proprie esperienze, strategie e sfide non dovrebbe essere

sottovalutata. Questi spazi possono offrire validazione, comprensione e un senso di appartenenza.

Implicazioni sul Futuro Professionale

- **Carriera e Aspirazioni Professionali:**
    - Le donne con ADHD possono incontrare ostacoli nelle loro carriere, dovendo spesso navigare in un ambiente lavorativo che potrebbe non essere totalmente inclusivo o adattato alle loro esigenze. Le strategie per la promozione di carriere soddisfacenti e il sostegno all'avanzamento professionale delle donne con ADHD richiedono attenzione.

Narrativa e Rappresentazione Culturale

- **Rappresentazioni nei Media:**
    - La maniera in cui le donne con ADHD sono rappresentate nei media e nella cultura popolare può giocare un ruolo significativo nella percezione pubblica e nell'auto-percezione delle donne con il disturbo. La necessità di narrazioni autentiche e diversificate emerge come cruciale.

Prospettive di Autorealizzazione e Sviluppo Personale

- **Autostima e Immagine di Sé:**
    - Lavorare sull'autostima e sull'immagine di sé per le donne con ADHD, specialmente in seguito a una diagnosi tardiva, diventa

fondamentale per rafforzare la fiducia nelle proprie capacità e nel proprio valore.

- **Realizzazione Personale e Obiettivi di Vita:**
    - Esplorare e definire cosa significhi l'autorealizzazione per una donna con ADHD e come ciò possa essere raggiunto tenendo conto delle sue specifiche sfide e capacità.

Ogni segmento della vita di una donna con ADHD, dalla sua interiorità alla sua interazione con il mondo esterno, può essere influenzato dal modo in cui il disturbo si manifesta e viene gestito. E' vitale che la società, la comunità scientifica e medica, e le reti di sostegno siano equipaggiate con le conoscenze e gli strumenti per capire e supportare in modo efficace le donne con ADHD nelle loro uniche e multiformi esperienze di vita.

Conclusione sul Tema "Diagnosi nelle Donne"

La diagnosi di ADHD nelle donne svela una molteplicità di sfumature e particolarità che vanno ben oltre un semplice riconoscimento del disturbo. Emerge chiaramente che la diagnosi nelle donne è intersecatamente legata a sfaccettature psicologiche, emotive, relazionali e sociali, che creano un mosaico complesso e multidimensionale.

1. Un Vissuto Poliedrico:

- La diagnosi rappresenta spesso un momento di scoperta e rivelazione, ma anche di riflessione sul proprio percorso di vita, su sfide e strategie messe in atto per navigare, a volte inconsapevolmente, gli ostacoli posti dall'ADHD. L'elaborazione di questo nuovo senso di identità e la ristrutturazione delle proprie narrazioni di vita diventano fondamentali nel processo post-diagnostico.

2. Un Percorso Diagnostico Complesso:

- Da sottolineare è la complessità del percorso diagnostico: dalle barriere rappresentate da stereotipi di genere alle sfide nell'identificare sintomatologie talvolta sottili o mascherate da altre condizioni. Questa complessità richiede un impegno da parte dei professionisti del settore nel raffinare gli strumenti e gli approcci diagnostici e nel continuare a educarsi sulle manifestazioni specifiche dell'ADHD nelle donne.

3. Intrinseche Differenze Individuali:

- La diversità di esperienze tra le donne con ADHD è da non trascurare. Ciascuna persona vivrà il disturbo in modo unico, influenzato dalle proprie circostanze di vita, personalità, e eventi vissuti. Pertanto, gli interventi e i supporti dovranno essere modulati in maniera oltremodo individualizzata.

4. Il Tessuto Sociale e Relazionale:

- Le relazioni, che siano esse familiari, amicali o lavorative, si intersecano profondamente con l'esperienza dell'ADHD. Da un lato, queste relazioni possono offrire una rete di sostegno indispensabile, dall'altro, possono diventare il terreno su cui si manifestano le sfide legate al disturbo. Creare strategie che salvaguardino e arricchiscano questi legami diventa cruciale.

5. Innovazione e Futuro:

- Il futuro della diagnosi e della gestione dell'ADHD nelle donne richiede innovazione continua, sia in termini di ricerca e metodologie diagnostico-terapeutiche sia in termini di tecnologie supportive. Esiste un bisogno imperativo di spazi di discussione, ricerca e sviluppo che tengano conto delle voci e delle esperienze dirette delle donne con ADHD.

6. Advocacy e Educazione:

- Da enfatizzare è il ruolo dell'advocacy e dell'educazione, per far sì che le informazioni su come l'ADHD si manifesta e si vive nelle donne si diffondano a livello sociale, sfatando miti e creando una maggiore consapevolezza e accettazione.

7. Empowerment:

- Infine, il tema dell'empowerment emerge come fondamentale: fornire alle donne con ADHD gli strumenti e le conoscenze per comprendere, gestire e prosperare con il disturbo, incoraggiandole ad esplorare e costruire il proprio percorso verso il benessere e la realizzazione personale.

In conclusione, la diagnosi di ADHD nelle donne ci invita a guardare oltre i sintomi e le etichette, per esplorare il profondo intreccio di esperienze, sfide e potenzialità che essa rivela. L'approccio a questo tema deve essere intrinsecamente umano, olistico e individualizzato, garantendo che ogni donna con ADHD sia vista, capita e sostenuta nella sua interezza e unicità.

5. Strategie di Organizzazione • Metodi e strumenti per aiutare le donne con ADHD a rimanere organizzate.

Strategie di Organizzazione per Donne con ADHD

Il mantenimento dell'organizzazione può presentare sfide considerevoli per le donne con ADHD, date le difficoltà inerenti alla gestione del tempo, della pianificazione, e dell'attenzione. Tuttavia, sviluppare strategie robuste e personalizzate per la gestione dell'organizzazione può potenziare l'autonomia, il benessere e la produttività.

Approccio Multifaceted per l'Organizzazione

1. Comprensione delle Proprie Esigenze:

- Prima di implementare qualsiasi strategia, è fondamentale che la donna comprenda approfonditamente le proprie sfide, preferenze, e stili di apprendimento in relazione all'ADHD. Ciò può informare e guidare lo sviluppo di metodi organizzativi che sono autenticamente alineati con le sue necessità e abilità.

2. Pianificazione e Programmazione:

- Utilizzare pianificatori, app o software che aiutino a tracciare impegni, compiti, e scadenze.
- Implementare la pratica della "time-blocking" per allocare momenti specifici della giornata a compiti specifici, tenendo conto dei propri ritmi circadiani e picchi di energia.

3. Sistemi di Organizzazione Fisica:

- Creare un ambiente ordinato e strutturato, utilizzando sistemi di archiviazione, etichettatura e categorizzazione che riflettano la logica e le preferenze della donna.
- Adottare una strategia di "tutto ha un posto", per minimizzare la disorganizzazione e perdita di oggetti.

4. Implementazione di Routine:

- Stabilire routine quotidiane e settimanali che riducano il numero di decisioni da prendere e creino un flusso prevedibile nella giornata.
- Le routine dovrebbero essere flessibili e permettere spazio per imprevisti e adattamenti.

5. Tecnologia come Alleata:

- Sfruttare la tecnologia per creare promemoria, allarmi e notifiche che possono servire da ancoraggio e ricordo per le attività pianificate.
- Utilizzare applicazioni specifiche che supportino la gestione dei compiti, la pianificazione dei progetti e il tracciamento delle abitudini.

6. Strategie di Prioritizzazione:

- Applicare metodologie come la matrice di Eisenhower o la tecnica del pomodoro per aiutare a distinguere e gestire le attività in base alla loro urgenza e importanza.
- Avere chiarezza sulle proprie priorità e obiettivi può aiutare a navigare decisioni quotidiane e a investire energia e tempo in modo intenzionale.

7. Sviluppo dell'Autocompassione:

- Implementare strategie che siano sostenibili e che permettano spazio per l'errore e l'apprendimento.
- Celebrare i successi e le vittorie, anche quelle minime, e usare gli ostacoli come opportunità di apprendimento e adattamento delle strategie.

8. Supporto Professionale e Coaching:

- Considerare il ruolo di un coach ADHD o di un organizzatore professionale per sviluppare e implementare strategie organizzative.
- Partecipare a workshop o corsi che forniscano strumenti e competenze specifiche per la gestione dell'organizzazione e del tempo.

9. Gruppi di Supporto e Community:

- Connessioni con altri individui che vivono esperienze simili possono offrire scambio di strategie, supporto emotivo e spunti per la navigazione delle sfide quotidiane.

10. Abilità di Problem Solving:

- Coltivare l'abilità nel problem solving e nell'adattare e modificare strategie in base all'evoluzione delle proprie esigenze e contesti di vita.

La creazione di un sistema di organizzazione per una donna con ADHD richiede un approccio olistico che non solo affronti le sfide pratiche, ma che anche risuoni con il suo vissuto, i suoi valori e i suoi obiettivi. La personalizzazione, la flessibilità, e un orientamento verso l'empowerment dovrebbero essere al cuore delle strategie implementate, assicurando che esse siano sostenibili e arricchenti nel lungo termine.

Ulteriori Approfondimenti sulle Strategie di Organizzazione per Donne con ADHD

11. Mindfulness e Gestione dello Stress:

- Pratiche di mindfulness e tecniche di riduzione dello stress possono essere cruciale. La presenza mentale potenzia la capacità di rimanere ancorate al momento presente, facilitando la focalizzazione sul compito a mano e mitigando la proclività alla procrastinazione o alla distrazione.
- Esercizi come la meditazione, lo yoga, o la scrittura riflessiva possono agire come calmanti neurali, creando uno spazio mentale che può essere particolarmente prezioso per chi vive con l'ADHD.

12. Analisi delle Performance:

- Tenere un diario delle proprie attività e della gestione del tempo, analizzando periodicamente dove e come il tempo ed energia sono stati investiti può offrire spunti preziosi per affinare ulteriormente le strategie organizzative e identificare eventuali aree di miglioramento o di sfida ricorrente.
- L'analisi delle performance, anche attraverso l'uso di tecnologie traccianti, può servire per regolare e riequilibrare impegni e attività, assicurandosi che essi siano allineati con gli obiettivi e le priorità stabiliti.

13. Organizzazione Visiva:

- L'utilizzo di strumenti visivi come le bacheche Kanban, mappe concettuali, o grafici può aiutare a rendere tangibili e visibili i piani e le strutture organizzative.
- Essi possono agire da promemoria costanti e fornire una panoramica immediata di progetti e attività, facilitando la gestione e la pianificazione.

14. Tecniche Cognitive-Comportamentali:

- Applicare tecniche derivate dalla terapia cognitivo-comportamentale (CBT), focalizzate sullo sviluppo di abilità pratiche e sulla modifica di schemi di pensiero disfunzionali, può fornire un quadro solido per la gestione delle sfide legate all'ADHD.
- Strategie come la ristrutturazione cognitiva o le tecniche di coping possono essere utili per affrontare pensieri e credenze limitanti che potrebbero ostacolare il percorso verso un'efficace organizzazione.

15. Terapia Occupazionale:

- La terapia occupazionale può offrire interventi mirati per sviluppare abilità organizzative e gestionali in contesti quotidiani e lavorativi, focalizzandosi sulla costruzione di competenze transferibili e su adattamenti ambientali che supportino il funzionamento ottimale.
- Questo percorso può includere il lavoro su abilità specifiche, come la gestione della casa, il

budgeting, o la pianificazione dei pasti, con l'obiettivo di potenziare l'autonomia e la padronanza nell'ambito organizzativo.

16. Costruzione di un Network di Supporto:

- Estendere il network di supporto, coinvolgendo amici, famiglia, e colleghi, nel percorso verso un maggior benessere organizzativo. Essi possono fungere da rete di sicurezza, fornendo encouragment, feedback costruttivo, e, talvolta, assistenza pratica.
- Creare un sistema in cui la responsabilità e il sostegno siano bidirezionali e condivisi può arricchire le relazioni e creare un ambiente sociale che sostiene attivamente la crescita e lo sviluppo.

17. Formazione Continua:

- L'investimento in formazione continua, attraverso la lettura, seminari, e corsi, può facilitare l'accesso a nuove strategie e approcci nel campo dell'organizzazione e della gestione dell'ADHD.
- La conoscenza delle ultime ricerche e delle innovazioni nel campo può non solo offrire nuovi strumenti e tecniche, ma anche fungere da fonte di ispirazione e motivazione nel percorso organizzativo.

18. Lavoro sull'Autostima e sull’Autoefficacia:

- Lavorare attivamente sull'autostima e sulla credenza nella propria capacità di gestire efficacemente le sfide (autoefficacia) è fondamentale. Questo lavoro interno può creare una base psicologica solida, da cui attingere nei momenti di sfida e di incertezza.
- L’adozione di un mindset orientato alla crescita, che vede gli errori e le sfide come opportunità di apprendimento e sviluppo, può anche fungere da catalizzatore per la sperimentazione e l’adozione di nuove strategie organizzative.

19. Creazione di Buffer Temporali:

- Includere buffer temporali nelle pianificazioni, per assorbire eventuali imprevisti o ritardi, garantendo che questi non creino effetti a catena destabilizzanti sull’intera organizzazione della giornata o della settimana.
- Questa pratica può anche ridurre lo stress e la pressione associati alla gestione del tempo, creando uno spazio temporale in cui respirare e transitare con calma da un’attività all’altra.

20. Identificazione e Minimizzazione delle Distrazioni:

- Identificare, analizzare e lavorare attivamente per minimizzare le distrazioni presenti nell'ambiente, sia che si tratti di distrazioni fisiche, come oggetti o rumori, sia che si tratti di distrazioni digitali, come notifiche o applicazioni.

- Implementare strategie come l’uso di cuffie con cancellazione del rumore, la creazione di spazi dedicati al lavoro, o l’uso di applicazioni che limitino l’accesso a piattaforme distrattive durante momenti chiave, possono essere tattiche efficaci in questo ambito.

L'implementazione e l'adattamento continuo di strategie per la gestione dell'organizzazione in donne con ADHD richiedono un approccio comprensivo, empatico, e orientato alla soluzione, che tenga conto non solo delle specifiche sfide legate al disturbo, ma anche delle unicità e delle potenzialità dell'individuo. La combinazione di strumenti pratici, supporto psico-emotivo, e strategie cognitive e comportamentali può creare un percorso multifaceted, in cui l’organizzazione diventa non solo un obiettivo ma anche un mezzo attraverso il quale esplorare e esprimere il proprio potenziale.

Ampliamento della Discussione su Strategie di Organizzazione per Donne con ADHD

21. Comprensione del Proprio Ciclo di Energia:

- Comprendere i propri picchi e cali energetici durante la giornata può facilitare una pianificazione del tempo e delle attività che sia in sintonia con le proprie necessità fisiologiche e psicologiche.
- Ad esempio, eseguire compiti che richiedono una maggiore concentrazione durante i momenti di maggiore energia e lasciare compiti più leggeri o riposanti per i periodi di calo.

22. Tecniche di Memorizzazione e Richiamo:

- Sviluppare ed utilizzare tecniche di memorizzazione, come l'uso di acronimi, storie o immagini mentali, che possano facilitare il richiamo di informazioni o di to-do list.
- La pratica regolare di tali tecniche può anche affinare la memoria di lavoro, spesso compromessa nelle persone con ADHD.

23. Utilizzo di App e Tecnologia:

- Esplorare l'ampia gamma di applicazioni e strumenti tecnologici creati per supportare l'organizzazione e la produttività.
- Strumenti come applicazioni di to-do list, promemoria, o tracker di abitudini, possono

automatizzare parte del processo organizzativo e fornire un sostegno costante e accessibile.

24. Stabilire Priorità Chiare:

- Investire tempo nella definizione di priorità chiare, scomponendo obiettivi più grandi in sotto-obiettivi gestibili e identificando quali attività hanno la massima priorità.
- L'uso di matrici di priorità o di altre tecniche di valutazione può essere utile per mantenere la chiarezza e l'alignamento con gli obiettivi a lungo termine.

25. Creazione di Routine e Abitudini:

- Costruire routine quotidiane e abitudini che automatizzino alcune delle decisioni organizzative e strutturino la giornata in un modo che sostenga il benessere e l'efficacia.
- La regolarità delle abitudini può anche creare una sensazione di stabilità e prevedibilità, aspetti particolarmente importanti per chi vive con ADHD.

26. Sviluppo delle Abilità di Procrastinazione:

- Identificare le radici della procrastinazione e sviluppare strategie per navigare attorno ad essa, che possono includere l'uso di timer, tecniche come il "Pomodoro", o l'instaurazione di ricompense e pause.

- L'obiettivo è non eliminare la procrastinazione, ma piuttosto imparare a gestirla in modo che non comprometta l'organizzazione e la produttività.

27. Adattamento dello Spazio di Lavoro:

- Curare e adattare lo spazio di lavoro in modo che sostenga l'attenzione e riduca le distrazioni può includere l'uso di colori calmi, l'organizzazione visiva di materiali e strumenti, e l'accessibilità di risorse necessarie.
- L'ambiente di lavoro diventa così un alleato, piuttosto che un ostacolo, nel processo organizzativo e produttivo.

28. Sviluppo di Competenze di Problem Solving:

- Lavorare sulle competenze di problem solving e sulla flessibilità cognitiva, in modo da poter navigare con efficacia attraverso le sfide e gli ostacoli che emergono nel percorso verso gli obiettivi.
- La capacità di adattarsi e ripensare strategie alla luce di nuove informazioni o cambiamenti è fondamentale per mantenere un'organizzazione resiliente e flessibile.

29. Incorporare Momenti di Riflessione:

- Stabilire momenti regolari per la riflessione sulle proprie prassi organizzative e produttive, valutando ciò che sta funzionando e ciò che potrebbe necessitare di aggiustamenti.

- Questo spazio consente una pausa vitale, durante la quale si può allineare l'azione con l'intenzione e assicurarsi che le strategie in uso siano realmente efficaci e sostenibili.

30. Strategie di Comunicazione Efficace:

- Sviluppare e utilizzare strategie di comunicazione che assicurino chiarezza e comprensione nelle interazioni, specie quelle che riguardano la coordinazione di impegni e responsabilità.
- La chiarezza comunicativa può ridurre malintesi e garantire che le esigenze e le aspettative siano espresse e comprese in modo efficace, riducendo così potenziali fonti di stress e disorganizzazione.

Esplorare, sperimentare, e integrare una varietà di strategie e approcci può offrire una via per una gestione dell'ADHD che sia non solo efficace ma anche personalizzata e adattata alle specifiche sfide e potenzialità della singola individua. Facilitare un dialogo continuo tra prassi e teoria, tra sperimentazione e riflessione, e tra azione e riposo, consente di navigare il complesso territorio dell'ADHD con una prospettiva olistica, in cui l'organizzazione diventa un mezzo per esplorare e esprimere il proprio sé nel mondo.

Conclusione Punto 5: Strategie di Organizzazione per Donne con ADHD

Prospettiva Generale:

La strategia di organizzazione per donne con ADHD non è soltanto un insieme di tattiche e metodologie operative, ma diventa un viaggio intricato e personalizzato attraverso il quale si esplorano e si integrano diversi aspetti della vita quotidiana e professionale. La complessità del disturbo e la sua manifestazione unica in ciascun individuo rendono essenziale un approccio che sia allo stesso tempo strutturato e flessibile, pragmatico e empatico, realistico e ottimista.

Multidimensionalità dell'Organizzazione:

La gestione dell'organizzazione nel contesto dell'ADHD non si esaurisce nell'implementazione di strategie pratiche, ma si insinua profondamente in vari aspetti del vivere quotidiano, tra cui l'autopercezione, la stima di sé, le relazioni interpersonali, e l'interazione con lo spazio e il tempo. L'organizzazione diventa quindi non solo uno strumento di gestione del tempo e delle attività ma anche un mezzo attraverso cui le donne con ADHD possono esplorare e reinterpretare il proprio rapporto con sé stesse e con il mondo circostante.

Incorporamento Continuo di Apprendimenti:
È imperativo mantenere un approccio aperto e curioso, dove gli errori e i fallimenti vengono visti non come insuccessi ma come opportunità per apprendere, adattarsi e crescere. La riflessione costante sulle strategie attuali, la valutazione del loro impatto, e la disposizione a sperimentare nuovi approcci sono fondamentali per un processo organizzativo che sia dinamico e sostenibile nel lungo termine.
Collaborazione e Supporto:
Le donne con ADHD possono beneficiare enormemente dalla costruzione di reti di sostegno e collaborazione, in cui le esperienze, le sfide e le strategie possano essere condivise e discusse in un ambiente accogliente e non giudicante. La creazione di uno spazio sicuro dove siano validate sia le sfide che i successi, dove ci sia un riconoscimento della lotta ma anche della resilienza e della creatività con cui si naviga la vita con ADHD, è cruciale.
Adattabilità e Personalizzazione:
Nonostante l'esistenza di numerose strategie e consigli, la chiave per una gestione efficace dell'ADHD risiede nell'abilità di adattare tali strumenti alla propria unicità. Ogni donna con ADHD porterà con sé un insieme unico di sfide, potenzialità, aspirazioni e valori, che richiedono

un percorso altrettanto unico e personalizzato. Quindi, piuttosto che adottare strategie in modo dogmatico, l'invito è ad esplorarle, sperimentarle e adattarle in modo che risuonino e siano risonanti con la propria esperienza individuale.

Rispetto e Celebrazione dell'Unicità:

È fondamentale sottolineare l'importanza di celebrare i successi, anche quelli che possono apparire piccoli o scontati. Il percorso attraverso il quale le donne con ADHD si muovono per trovare e mantenere l'organizzazione è spesso costellato di sfide e ostacoli che richiedono una notevole forza e determinazione. Pertanto, ogni passo avanti, ogni insight guadagnato, e ogni strategia implementata con successo meritano di essere riconosciuti e celebrati.

Verso il Futuro:

Guardando avanti, le strategie e gli approcci alla gestione dell'ADHD continueranno ad evolversi, beneficiando delle continue ricerche, delle storie condivise, e delle innovazioni tecnologiche. Ciò che rimarrà costante, tuttavia, è l'importanza di un approccio che sia radicato nella comprensione, nel rispetto, e nell'affermazione delle esperienze delle donne con ADHD. Un approccio che, pur fornendo strumenti e strategie, non perda mai di vista la persona unica, creativa e resiliente che sta

implementando quegli strumenti nel contesto della propria vita vibrante e sfaccettata.
Così, il dialogo sulle strategie di organizzazione diventa una conversazione continua e un viaggio condiviso, in cui il sapere expert e le esperienze vissute si incontrano, si sfidano e si arricchiscono a vicenda, costruendo un terreno sempre più solido e informato da cui esplorare le molteplici possibilità di vita con l'ADHD.

6. Gestione delle Distrazioni • Tecniche e strategie per superare le distrazioni. 7. Migliorare le Relazioni

6. **Gestione delle Distrazioni**
   Tecniche e Strategie per Superare le Distrazioni
   Le donne con ADHD spesso trovano che le distrazioni siano un ostacolo significativo nell'attuare con successo le proprie intenzioni, sia nella vita personale che professionale. La mente, intrinsecamente curiosa e iper-reattiva agli stimoli, può facilmente deviare dai percorsi prestabiliti, rendendo la focalizzazione e la persistenza in un'attività o un progetto particolarmente sfidanti. Ecco alcune strategie che possono essere approfondite:

- **Tecniche di Mindfulness e Presenza Attenta:** L'allenamento alla mindfulness può aiutare a riconoscere e gentilmente riportare l'attenzione quando questa inizia a divagare.
- **Creazione di un Ambiente Favorevole:** Modificare lo spazio di lavoro o di studio per minimizzare gli stimoli distrattivi è fondamentale.
- **Tecnica Pomodoro:** Utilizzare la tecnica Pomodoro o tecniche simili che prevedono intervalli di lavoro focalizzato seguiti da pause.
- **Utilizzo di App e Tecnologie:** Applicazioni o strumenti tecnologici che limitano l'accesso a piattaforme e applicazioni distrattive.
- **Strategie Cognitive Comportamentali:** Lavorare con un professionista per sviluppare strategie personalizzate per gestire le distrazioni e migliorare la focalizzazione.

7. **Migliorare le Relazioni**

   Il settore delle relazioni rappresenta un ambito della vita in cui le donne con ADHD possono incontrare sfide ma anche offrire doni unici. Le relazioni interpersonali, che siano di amicizia, partnership romantica, o connessioni familiari, sono influenzate sia dagli aspetti positivi che da quelli sfidanti dell'ADHD. Di seguito alcuni punti che potrebbero essere sviluppati:

- **Comunicazione Efficace:** Sviluppare abilità comunicative che permettano di esprimere bisogni, emozioni e aspettative in modo chiaro e asseritivo.

- **Gestione dei Conflitti:** Applicare strategie di risoluzione dei conflitti che siano costruttive e che favoriscano l'intimità e la comprensione reciproca.
- **Stabilire e Mantenere i Confini:** Lavorare sulla capacità di stabilire e mantenere confini sani nelle relazioni, proteggendo il proprio spazio e tempo.
- **Coesione e Supporto:** Costruire un sistema di supporto reciprocamente arricchente e sostenibile nel tempo.
- **Comprensione e Accettazione:** Lavorare su un'accettazione reciproca e su una comprensione delle sfide e delle risorse che ciascun partner porta nella relazione.

Entrambe le sezioni 6 e 7 possono essere notevolmente arricchite da storie e aneddoti personali, nonché da esercizi pratici, esempi e attività che guidano la lettrice nel suo percorso di scoperta e implementazione delle strategie proposte. Questo creerà un testo che non solo informa ma anche coinvolge e emoziona, fornendo un sostegno tangibile e applicabile nella vita quotidiana delle donne con ADHD.

Punto 6: Gestione delle Distrazioni

Il concetto di gestione delle distrazioni, in particolare per le donne con ADHD, non è limitato al semplice atto di eliminare i disturbi esterni. Si tratta piuttosto di una pratica olistica che comprende la comprensione delle dinamiche interne ed esterne che contribuiscono al distacco dall'attenzione e la ricerca di soluzioni che siano sostenibili e adattate alle esigenze individuali.

Dinamiche delle Distrazioni nell'ADHD

Le distrazioni possono manifestarsi in molteplici forme e possono avere origine sia da stimoli esterni che da processi interni. Per esempio, una conversazione in sottofondo o un telefono che squilla possono distogliere facilmente l'attenzione; allo stesso modo, anche un flusso di pensieri o preoccupazioni interne può diventare una fonte significativa di distrazione.

La tendenza a divagare con la mente, spesso categorizzata come "daydreaming", può essere tanto affascinante quanto problematica. Per le donne con ADHD, questa pratica può fungere da meccanismo di coping, permettendo loro di sfuggire da compiti o situazioni che sono percepiti come noiosi o stressanti. Tuttavia, questo comporta anche il rischio di perdere informazioni cruciali o di non portare a termine attività importanti.

Strategie Avanzate per la Gestione delle Distrazioni

A. Approccio Psico-Educativo

- **Educarsi sull'ADHD:** Comprendere a fondo le sfide e i punti di forza dell'ADHD può offrire un quadro chiaro delle proprie esperienze e comportamenti.
- **Gruppi di Supporto:** Unirsi a gruppi di supporto o forum online può fornire strategie pratiche e solidarietà da parte di chi condivide sfide simili.

B. Mindfulness e Strategie di Auto-Comprensione

- **Journaling:** Tenere un diario delle proprie esperienze quotidiane, identificando in particolare momenti e situazioni in cui le distrazioni si manifestano maggiormente.
- **Mindfulness Meditativa:** La pratica della mindfulness attraverso la meditazione può aumentare la consapevolezza dei propri schemi mentali e aiutare a gestire l'attenzione in modo più efficace.

C. Modificare l'Ambiente

- **Zones of Focus:** Creare aree dedicate in casa o nello spazio di lavoro specificamente progettate per minimizzare le distrazioni e facilitare la focalizzazione.

D. Tecnologia a Favore

- **Uso Strategico di App:** Sfruttare app di productivity e time management che possono aiutare a strutturare le attività e monitorare l'uso del tempo.

Le Dimensioni Emotive delle Distrazioni

Non può essere trascurata la dimensione emotiva delle distrazioni. Per molte donne con ADHD, le distrazioni possono anche fungere da meccanismo di evasione da emozioni scomode o da compiti percepite come gravosi. Qui, è fondamentale esplorare le dinamiche emotive che sottendono il comportamento distrattivo e sviluppare strategie che permettano un approccio più salutare ed efficace alla gestione delle emozioni e delle attività quotidiane.

Inoltre, la gestione delle distrazioni implica anche la gestione delle aspettative, sia verso se stesse che da parte degli altri. La società, spesso, ha aspettative rigide riguardo la produttività e l'efficienza, che possono non tener conto delle necessità e delle sfide specifiche delle persone con ADHD. Pertanto, parte della strategia di gestione delle distrazioni deve necessariamente passare attraverso un percorso di accettazione e valorizzazione della propria neurodiversità, così come l'affinamento continuo delle proprie strategie e tecniche in risposta alle proprie esigenze e scoperte.

Continuando con l'analisi approfondita del Punto 6, la gestione delle distrazioni può essere intrecciata con diverse sfere della vita quotidiana delle donne con ADHD. Il riconoscimento e l'elaborazione delle distrazioni richiedono un atteggiamento riflessivo e proattivo che coinvolga diverse sfaccettature dell'esperienza individuale e sociale.

L'Influenza delle Aspettative Sociali e di Genere

Il contesto sociale e culturale può fortemente influenzare la percezione e la gestione delle distrazioni. Le donne, in molti contesti, affrontano aspettative specifiche relative ai ruoli di genere e alla produttività che possono complicare ulteriormente la gestione delle distrazioni in ambito lavorativo e domestico. Spesso, le donne si trovano a dover bilanciare impegni familiari e lavorativi, cercando di navigare tra le sfide presentate sia dall'ADHD che dalle pressioni esterne.

Riconoscere e Resistere alle Pressioni

- **Pressione per la Perfezione:** La pressione sociale a conformarsi a ideali di "perfezione" o a svolgere ruoli tradizionali può essere estremamente stressante e distrarre da obiettivi personali o da ciò che è veramente importante per l'individuo.

- **Riconoscere la Propria Autenticità:** L'accettazione e la valorizzazione della propria unicità e dei propri modi di funzionare possono creare uno spazio per strategie di gestione delle distrazioni che siano veramente adattate alle proprie esigenze e non imposte da aspettative esterne.
  Connessione tra Emozioni e Distrazioni
  Una consapevolezza più profonda delle proprie emozioni e del modo in cui interagiscono con le distrazioni può offrire intuizioni vitali.
- **Gestione dello Stress:** Il legame tra stress e distrattività è notevole. Pertanto, l'identificazione di fonti di stress e l'applicazione di tecniche di gestione dello stress può contribuire significativamente a ridurre i livelli di distrazione.
- **Emozioni come Indicatori:** Invece di vederle come ostacoli, le emozioni possono essere utilizzate come indicatori preziosi dei propri bisogni e desideri, fornendo direzione e focalizzazione quando si affrontano distrazioni e sfide.

Strumenti Pratici per la Gestione delle Distrazioni

Creare Routine Solide

- **Routine Personalizzate:** Sviluppare routine quotidiane che tengano conto delle proprie esigenze, ritmi e interessi unici, fornendo una struttura che può aiutare a navigare attraverso le sfide dell'ADHD.

Rituale di Preparazione all'Attività

- **Transizioni Consapevoli:** Creare rituali o pratiche che segnalino il passaggio da un'attività o stato d'animo all'altro, facilitando la focalizzazione e riducendo la suscettibilità alle distrazioni.

Trasformare la Distrattività in Creatività

- **Canalizzazione della Distrattività:** Esplorare modi per utilizzare la tendenza alla distrattività in modo creativo e produttivo, trasformando potenziali svantaggi in strumenti unici di esplorazione e creazione.

Tutto ciò rappresenta una panoramica che può essere ulteriormente arricchita e approfondita, esplorando le intersezioni tra ADHD, distrazioni, e vari aspetti della vita e dell'identità delle donne. La loro esperienza è multi-faccettata e complessa, e una comprensione olistica e attenta può offrire non solo strategie pratiche ma anche un sentimento di validazione e comprensione, estremamente preziose nel cammino verso l'auto-accettazione e l'empowerment.

In sintesi, la gestione delle distrazioni per le donne con ADHD si snoda attraverso un percorso complesso e molteplice, imbevuto di sfide intrinseche legate sia alla condizione neurodiversa che agli ostacoli e aspettative posti dalla società e dall'ambiente circostante. La dimensione delle distrazioni diventa non solo un fattore legato alla capacità di focalizzazione ma si intreccia con dinamiche emozionali, aspettative di genere e pressioni sociali, offrendo uno scenario in cui il semplice agire quotidiano può diventare un terreno minato di conflitti interni ed esterni.

Riflessioni Finali e Prospettive Future

La sfida è, dunque, duplice: da un lato, esplorare e implementare strategie pragmatiche che facilitino la concentrazione e la gestione delle distrazioni quotidiane; dall'altro, navigare nel mare magnum delle pressioni socio-culturali e dei conflitti interni, offrendo spazio e legittimazione alle proprie esperienze e emozioni. L'atto di bilanciare queste dinamiche richiede non solo una consapevolezza acuta delle proprie necessità e sfide ma anche una costante riflessione su come le pressioni esterne modellino e influenzino il proprio vissuto interno.

Integrare l'Unicità dell'ADHD nella Vita Quotidiana

Le donne con ADHD possono trovare un alleato prezioso nell'integrare l'unicità dei loro processi cognitivi e percettivi nelle routine quotidiane, non combattendo contro la loro neurodiversità, ma abbracciandola come una parte intrinseca del loro essere. Creare spazi, sia fisici che mentali, che siano rispettosi delle loro specificità, permette di trasformare potenziali fonti di frustrazione in risorse vitali di resilienza e creatività.

Costruire una Rete di Supporto Empatico e Informata

Risulta, poi, essenziale circondarsi di una rete di supporto, che sia capace di offrire non solo conforto emotivo ma anche consigli pratici e informati. Condividere con gli altri - che siano partner, amici, colleghi o professionisti - la propria esperienza, le proprie sfide e scoperte, può non solo arricchire il proprio percorso personale ma anche creare un ambiente circondante più informato e empatico.

Rivendicare Spazio per il Sé Autentico

Infine, la rivendicazione dello spazio per il sé autentico, in ogni sua sfaccettatura e complessità, diventa un atto non solo di autoaffermazione ma anche di resistenza contro stereotipi e pregiudizi. Far emergere le proprie voci, sia nell'intimità delle relazioni personali che nel panorama sociale più ampio, è fondamentale per scardinare concezioni errate e contribuire a costruire una società più inclusiva e consapevole delle ricchezze e sfide della neurodiversità.

Conclusione

Nell'intreccio complesso di emozioni, sfide cognitive, e dinamiche sociali, le donne con ADHD navigano giornalmente in un mare in cui le onde delle distrazioni cercano di deviarle dal loro percorso. Riconoscere, esplorare, e validare queste esperienze diventa dunque fondamentale, sia per costruire strategie efficaci di gestione delle distrazioni che per contribuire a un dialogo sociale più ampio e profondo riguardante l'ADHD, la neurodiversità e l'esperienza femminile. Ogni strategia, riflessione e narrazione contribuisce non solo al benessere individuale ma anche al tessuto collettivo di consapevolezza e accettazione delle diverse menti che popolano il nostro mondo.

7. Migliorare le Relazioni • Consigli per gestire e migliorare le relazioni personali e professionali.

Le relazioni, sia che si tratti di quelle personali che professionali, sono spesso una componente cruciale della nostra esistenza e del nostro benessere. Per le donne con ADHD, navigare nel mondo delle interazioni sociali e mantenere relazioni sane e soddisfacenti può presentare delle sfide uniche che meritano un'attenzione e una riflessione particolare. La comprensione profonda e l'implementazione di strategie adeguate possono migliorare significativamente la qualità delle relazioni e contribuire a un senso generale di connessione e appartenenza.

Elementi Chiave per la Gestione delle Relazioni con l'ADHD

Comunicazione Efficace

- **Ascolto Attivo:** Sviluppare abilità di ascolto, evitando di interrompere e offrendo risposte riflettute.
- **Chiarezza nel Messaggio:** Esprimere i propri pensieri e sentimenti in modo chiaro e diretto, prestando attenzione a non lasciarsi travolgere da impulsività o frustrazioni.
- **Lingua Positiva:** L'uso di un linguaggio positivo e costruttivo può rafforzare i legami e

promuovere un ambiente di supporto e incoraggiamento reciproco.

Gestione dei Conflitti

- **Pausa e Riflessione:** Imparare a prendersi un momento per riflettere prima di rispondere durante una discussione o un disaccordo.
- **Esplorare Soluzioni:** Concentrarsi su soluzioni e compromessi piuttosto che insistere sui problemi o colpevolizzarsi.
- **Stabilire Confini:** Definire e mantenere chiari limiti personali e reciproci per assicurare relazioni sane e rispettose.

Empatia e Supporto

- **Validazione delle Esperienze:** Riconoscere e validare le esperienze e sentimenti dell'altro, offrendo un sostegno empatico e senza giudizio.
- **Offrire e Chiedere Aiuto:** Essere disposte sia a offrire che a richiedere supporto, creando un'atmosfera di reciproca assistenza e cura.

Comprensione e Auto-Awareness

- **Autoaccettazione:** Accettare la propria neurodiversità e le sfide correlate, comunicandole in maniera aperta e onesta nei propri rapporti.
- **Educare gli Altri:** Fornire informazioni e risorse sugli ADHD alle persone care, aiutandole a comprendere meglio la condizione e le sue manifestazioni.

Strategie Specifiche nelle Relazioni Personali e Professionali

Relazioni Personali e di Coppia

- **Pianificazione Congiunta:** Coinvolgere il partner nella creazione di strategie condivise per gestire la vita domestica, come le faccende e la gestione del tempo.
- **Apprezzamento Reciproco:** Riconoscere e celebrare i successi e gli sforzi del partner, anche in maniera semplice e quotidiana.

Relazioni Professionali

- **Strumenti Organizzativi:** Utilizzare strumenti di pianificazione e organizzazione per gestire impegni e responsabilità lavorative.
- **Richieste e Aspettative Chiare:** Assicurarsi che le aspettative e le richieste siano chiare e ragionevoli, comunicando apertamente con colleghi e superiori.

Relazioni Parentali

- **Modello Positivo:** Diventare un modello di gestione proattiva e positiva delle sfide legate all'ADHD per i propri figli.
- **Strategie Condivise:** Co-creare con i figli strategie e routine che facilitino una vita familiare armoniosa e supportiva.

Il miglioramento delle relazioni attraverso queste strategie e l'auto-comprensione può non solo elevare la qualità delle interazioni sociali per le donne con ADHD, ma anche costruire una rete di supporto sostenibile e amorevole che faciliti la gestione complessiva della vita quotidiana e offra un terreno fertile per la crescita e lo sviluppo personale. La creazione di uno spazio comunicativo sicuro, rispettoso e reciprocamente supportivo diventa, quindi, un pilastro fondamentale nel viaggio delle donne con ADHD verso una vita arricchente e autentica.

Navigare attraverso il tessuto complesso delle relazioni umane richiede un insieme diversificato di competenze e comprensioni, specialmente quando si aggiunge la variabile di gestire l'ADHD. Le donne con ADHD potrebbero trovarsi ad affrontare sfide uniche in relazione a temi come l'attaccamento emotivo, la gestione del tempo, e la coerenza comportamentale in vari tipi di rapporti interpersonali.

Strutturare Ambiti di Vita per il Supporto Relazionale

Relazioni Amicali

- **Essere Presenti:** Le amicizie richiedono presenza e attenzione. Per una donna con ADHD, stabilire delle routine di check-in o creare promemoria per raggiungere amici potrebbe essere utile.
- **Comprensione degli Altri:** Mentre ci si aspetta comprensione per la propria condizione,

è altrettanto cruciale capire e rispettare le dinamiche e le sfide degli amici.

Networking Professionale

- **Prima Impressione:** Costruire un'immagine positiva e affidabile dal primo incontro è fondamentale, considerando strumenti come la pianificazione di follow-up e la preparazione preventiva per gli eventi di networking.
- **Onestà Professionale:** Essere trasparenti riguardo alle proprie capacità e limiti quando si accettano compiti o progetti.

Collegamenti Comunitari

- **Partecipazione Attiva:** Impegnarsi attivamente nei gruppi comunitari o eventi, stabilendo obiettivi realistici riguardo all'impegno e partecipazione.
- **Creazione di Reti di Supporto:** Raggiungere o creare gruppi specifici che si focalizzano su donne con ADHD, per condividere esperienze e strategie.

La Psicologia delle Relazioni e l'ADHD

Fattori Psicologici e Emotivi

- **Autostima:** Lavorare su una sana autostima e auto-percezione, riconoscendo i propri valori e limiti senza autogiudizio eccessivo.
- **Gestione dello Stress Relazionale:** Creare e utilizzare tecniche per gestire lo stress che deriva dalle dinamiche relazionali, come tecniche di rilassamento e mindfulness.

Creazione di Un'Identità Relazionale Positiva

- **Assertività:** Sviluppare competenze assertive che permettano di esprimere bisogni e desideri in maniera costruttiva, senza temere il giudizio altrui.
- **Adattabilità:** Essere flessibili e adattabili ai cambiamenti e alle dinamiche variabili delle relazioni.

Salute Relazionale e Benessere

Salute Mentale ed Emotiva

- **Gestione dei Sentimenti:** Trovare modi efficaci per gestire e esprimere emozioni in un contesto relazionale, ad esempio, attraverso la terapia o la scrittura.
- **Costruzione della Resilienza:** Sviluppare e rafforzare le competenze di resilienza per affrontare i momenti difficili nelle relazioni.

Fisicità nelle Relazioni

- **Toccare e Essere Toccati:** Comprendere e comunicare il proprio bisogno e i propri confini relativi al contatto fisico.
- **Salute Sessuale:** Discutere apertamente i bisogni e le sfide in relazione alla sessualità, creando un dialogo onesto e sicuro con il partner.

Navigare attraverso il mondo delle relazioni richiede una miriade di competenze e comprensioni, specialmente con l'ADHD nel mix. Offrire un prisma attraverso cui visualizzare e capire l'esperienza delle donne con ADHD in varie forme di relazione può facilitare un senso di appartenenza, comprensione e autenticità sia per la persona stessa che per coloro con cui si connette. La costruzione di ponti comunicativi, l'instaurarsi della fiducia e l'apprezzamento reciproco si rivelano, quindi, fondamentali per sostenere e elevare la qualità e la profondità delle connessioni interpersonali, contribuendo a formare una tela di esperienze relazionali ricche e gratificanti.

Articolazione delle Relazioni in Ambienti Specifici

Ambienti di Lavoro

- **Comunicazione con i Superiori:** Riuscire a instaurare una comunicazione efficace e aperta con i superiori, discutendo onestamente delle proprie esigenze e cercando soluzioni collaborative per l'ambiente di lavoro.
- **Costruzione di Team:** Esplorare strategie per diventare un membro attivo e positivo all'interno di un team, anche quando le distrazioni e le sfide legate all'ADHD possono rendere questo compito più impegnativo.

Ambiti Accademici

- **Interazione con i Compagni di Studio:** Navigare tra socializzazione e studio, gestendo le relazioni con i compagni in un modo che sostenga sia gli obiettivi accademici sia quelli sociali.

- **Relazioni con gli Insegnanti:** Costruire rapporti costruttivi con gli educatori, comunicando le proprie esigenze e cercando supporto quando necessario.

Relazioni Familiari e ADHD

Genitorialità

- **Equilibrio tra Ruoli:** Trovare un equilibrio tra il ruolo di genitore e l'autocura, considerando le proprie esigenze e quelle dei propri figli.
- **Modello di Ruolo:** Essere un modello di ruolo positivo per i figli nel gestire le sfide in modo proattivo e costruttivo.

Relazioni Coniugali

- **Comunicazione Coniugale:** Sviluppare modalità di comunicazione che siano efficaci e rispettose per entrambi i partner, tenendo in considerazione i bisogni e le sfide specifiche.
- **Compromessi e Adattamenti:** Imparare a negoziare e adattarsi nel contesto di una relazione intima, garantendo che entrambe le parti si sentano ascoltate e valorizzate.

Emozioni e Regolazione Emotiva nelle Relazioni

Emotional Intelligence

- **Lettura delle Emozioni:** Potenziare la capacità di leggere e comprendere le proprie emozioni e quelle altrui, un'abilità fondamentale nella navigazione delle dinamiche relazionali.

- **Risposta Emotiva:** Desiderare risposte emotive congruenti e adeguate alle diverse situazioni, che rispecchiano una comprensione e una gestione solida delle proprie emozioni.

Gestione dei Conflitti

- **Strategie di Risoluzione:** Identificare e attuare strategie efficaci per risolvere i conflitti, avendo cura di mantenere un approccio costruttivo e soluzionista.
- **Prevenzione dei Conflitti:** Sviluppare tattiche proattive per prevenire i conflitti futuri, come l'istituzione di regole e limiti chiari e una comunicazione aperta e onesta.

ADHD e Costruzione dell'Identità nelle Relazioni

Autoimmagine

- **Accettazione di Sé:** Lavorare per accettare e abbracciare la propria identità, compresi gli aspetti legati all'ADHD, in modo da presentarsi autenticamente nelle relazioni.
- **Difesa delle Proprie Esigenze:** Diventare abili nell'esprimere e difendere le proprie esigenze, creando relazioni che siano reciprocamente rispettose e sostengano la crescita individuale.

Crescita e Sviluppo Personale

- **Obiettivi di Sviluppo:** Definire e lavorare verso obiettivi di sviluppo personale, considerando come questi si inseriscono nel contesto delle relazioni esistenti e future.
- **Supporto allo Sviluppo Altrui:** Diventare un alleato nello sviluppo degli altri, fornendo supporto e incoraggiamento per il loro percorso di crescita.

Relazioni e Connettività Sociale

Appartenenza e Inclusione

- **Ricerca di Appartenenza:** Trovare e coltivare spazi e relazioni in cui ci si senta veramente accettati e compresi, permettendo un'espressione autentica di sé.
- **Promozione dell'Inclusività:** Diventare attivi nel promuovere ambienti inclusivi e di supporto per tutti, indipendentemente dalle loro sfide e diversità.

Supporto Sociale e Reti di Supporto

- **Creazione di Reti:** Identificare e creare reti di supporto che possano fornire aiuto, guida e compagnia lungo il percorso della vita.
- **Fornire Supporto:** Essere disponibili a fornire supporto agli altri, diventando una fonte di forza e incoraggiamento per loro.

Nella gestione delle relazioni, le donne con ADHD possono trovarsi ad affrontare vari ostacoli e sfide, ma possono anche forgiare percorsi ricchi e soddisfacenti attraverso l'empatia, la comprensione e l'autenticità. Coltivare relazioni in maniera intenzionale e consapevole, mantenendo un'attenzione particolare alle proprie esigenze e a quelle altrui, può spianare la strada verso connessioni genuine e durature che arricchiscono la vita in ogni suo aspetto.

Conclusione: Migliorare le Relazioni per Donne con ADHD

La trama intricata delle relazioni sociali è spesso complicata da navigare per chiunque, ma le donne con ADHD possono sperimentare sfide ulteriori che necessitano di attenzione, comprensione e strategie mirate. Le relazioni, sia che siano personali, professionali, o accademiche, giocano un ruolo centrale nel definire l'esperienza umana e influenzano significativamente la qualità della vita, il benessere mentale e la soddisfazione generale.

La Comunicazione al Centro

La comunicazione efficace emerge come un pilastro fondamentale nella costruzione e mantenimento di relazioni solide. Le donne con ADHD possono trovare utili le tecniche di comunicazione assertiva, dove l'espressione delle proprie esigenze e sentimenti si fonde con un ascolto attivo e empatico degli altri. La pratica della mindfulness può, infatti, migliorare la presenza mentale nelle interazioni, facilitando una risposta più ponderata e meno impulsiva nei confronti degli altri.

Creare Ambiti Sicuri

La creazione di ambienti e relazioni in cui si sentano accettate, comprese e valorizzate diventa cruciale. In queste sfere sicure, l'autenticità e la vulnerabilità possono fiorire, dando spazio a una condivisione profonda e a un supporto reciproco. Le reti di sostegno diventano altresì vitali, funzionando come ancore in momenti di tempesta e celebrazioni nei momenti di gioia.

La Forza dell'Auto-accettazione

Le donne con ADHD possono imparare ad accettare e abbracciare la propria neurodiversità, non solo come un tratto individuale ma anche come una forza che può arricchire le proprie relazioni. L'auto-comprensione profonda e l'accettazione possono guidare verso relazioni più autentiche e profonde, dove l'ADHD non è visto come un ostacolo, ma piuttosto come una parte integrante del proprio essere.

Relazioni come Percorso di Crescita

Ogni relazione diventa un viaggio di scoperta reciproca e auto-scoperta. Gli alti e bassi, i conflitti e le riconciliazioni sono momenti cruciali dove, con l'approccio giusto, la relazione e gli individui coinvolti possono crescere e svilupparsi. L'impegno nel continuo apprendimento e adattamento alle dinamiche delle relazioni contribuirà al fiorire di legami più forti e duraturi.

Riconoscere e Celebrare le Vittorie

È fondamentale che le donne con ADHD riconoscano e celebrino i momenti di successo nelle loro relazioni. Ogni passo avanti, ogni conflitto superato, e ogni momento di connessione sincera sono vittorie che meritano di essere festeggiate. Questo rafforzerà non solo l'autoefficacia e la fiducia ma anche il valore attribuito alle relazioni coltivate.

In Conclusione

Le donne con ADHD navigano attraverso un mare di sfide uniche e specifiche nel contesto delle relazioni. La chiave per sostenere e migliorare queste connessioni risiede in una comprensione profonda delle proprie dinamiche interne, un'attenzione attenta alle necessità della relazione e lo sviluppo di competenze che favoriscono la comprensione reciproca, il sostegno e la crescita congiunta. Attraverso l'impegno, la consapevolezza e l'amore, le relazioni possono fiorire, offrendo un porto sicuro e una fonte inestimabile di gioia e appagamento.

8. Gestione delle Emozioni • Strategie per gestire la variabilità emotiva associata all'ADHD.

La gestione delle emozioni è un aspetto fondamentale da esplorare quando si discute di ADHD, soprattutto nelle donne, che possono sperimentare una variabilità emotiva significativa. La variabilità emotiva implica spesso esperienze di emozioni intense, frequenti sbalzi d'umore e, a volte, reazioni emotive sproporzionate agli eventi. Le donne con ADHD possono sperimentare sfide nella regolazione delle emozioni, che possono influenzare negativamente la loro qualità di vita e le relazioni. Ecco alcuni punti fondamentali su come potrebbe essere affrontato questo aspetto nel libro:

Riconoscere e Comprendere la Variabilità Emotiva

Comprendere la propria esperienza emotiva è il primo passo vitale verso la gestione efficace delle emozioni. Questo include l'accettazione delle proprie emozioni senza giudizio e il riconoscimento del legame tra ADHD e variabilità emotiva. La consapevolezza e l'accettazione delle proprie esperienze emotive possono offrire una base solida per sviluppare strategie efficaci di gestione delle emozioni.

La Validità delle Emozioni

Le emozioni, in tutte le loro forme e intensità, sono valide e forniscono informazioni preziose riguardo alle esperienze individuali e ai bisogni insoddisfatti. Esplorare e accettare la propria gamma emotiva senza vergogna o resistenza è fondamentale. Affermare le proprie emozioni e comprenderle può contribuire a ridurre la criticità interna e a costruire un senso di autoaccettazione e autocompassione.

Strategie di Regolazione Emotiva

La regolazione emotiva si riferisce alla capacità di modulare, esprimere e vivere le proprie emozioni in modi adattivi e socialmente accettabili. Le strategie possono includere tecniche di mindfulness, tecniche di respirazione, terapia e coaching, utilizzo di journaling per esplorare e dare senso alle esperienze emotive, e lo sviluppo di un repertorio di coping skills per gestire momenti di intensità emotiva.

Creare un Ambiente di Sostegno

L'importanza di un ambiente di sostegno non può essere sottovalutata. Gli amici, i familiari e i partner che comprendono le sfide associate all'ADHD e la variabilità emotiva possono giocare un ruolo vitale nel fornire un ambiente sicuro, accettante e comprensivo. Inoltre, le reti di sostegno, come gruppi di supporto per l'ADHD, possono offrire uno spazio per condividere esperienze e strategie.

L'Importanza del Self-Care

Il self-care, che comprende il sonno adeguato, l'alimentazione equilibrata, l'esercizio fisico e il tempo per il rilassamento e il recupero, è fondamentale per la stabilità emotiva. La gestione dello stress attraverso pratiche di self-care può mitigare l'esperienza di variabilità emotiva e fornire una base più stabile da cui navigare attraverso le sfide quotidiane.

Collaborazione con Professionisti

Lavorare con psicologi, coach e altri professionisti della salute mentale può fornire strumenti e risorse preziosi per gestire la variabilità emotiva. Essi possono offrire strategie basate su evidenze scientifiche, supporto e spazi sicuri per esplorare e lavorare attraverso sfide emotive.

Questi punti formano una fondazione dalla quale esplorare la complessa e sfaccettata esperienza della variabilità emotiva nelle donne con ADHD. L'adattamento, la flessibilità e un impegno continuo verso la comprensione e l'accettazione di sé possono guidare verso una gestione emotiva più efficace e un maggiore benessere generale.

Interventi Terapeutici Specifici

Approcci terapeutici come la terapia comportamentale cognitiva (CBT) e la terapia di accettazione e impegno (ACT) possono essere efficaci nel fornire alle donne con ADHD strumenti pratici e strategie per gestire la variabilità emotiva. Ad esempio, la CBT si focalizza su identificare e sfidare i pensieri irrazionali o disfunzionali che possono alimentare le emozioni negative, mentre l'ACT si concentra su accettare le emozioni senza giudizio e impegnarsi in azioni che sono in linea con i valori personali, anche in presenza di emozioni scomode.

Sviluppare la Resilienza Emotiva

La resilienza emotiva, ovvero la capacità di adattarsi e rimanere stabili di fronte alle sfide e allo stress emotivo, può essere sviluppata attraverso varie pratiche e abitudini. Alcune di queste includono la pratica della gratitudine, sviluppare una mentalità di crescita, e l'apprendimento continuo attraverso le sfide della vita. L'applicazione pratica e consistente delle strategie per sviluppare la resilienza può essere essenziale per navigare attraverso gli alti e bassi emotivi, permettendo una maggiore stabilità e benessere a lungo termine.

Esplorare la Creatività e l'Espressione di Sé

La creatività può essere un canale potente per l'espressione e la gestione delle emozioni. L'impegno in attività creative come scrivere, dipingere, ballare, o suonare uno strumento può essere un mezzo attraverso il quale le emozioni possono essere espresse e comprese in modi nuovi e terapeutici. Questo non solo offre un'uscita per le emozioni, ma anche un modo per trasformare le esperienze emotive in qualcosa di bello e significativo.

Collegare Corpo e Mente

La connessione tra corpo e mente è fondamentale nella gestione delle emozioni. Pratiche come lo yoga, la meditazione e la mindfulness integrano l'esperienza fisica con quella mentale e emotiva, fornendo un approccio olistico alla gestione delle emozioni. Il mantenimento di una buona salute fisica attraverso l'esercizio regolare e una nutrizione equilibrata ha anche impatti diretti sul benessere emotivo, fornendo energie e stabilizzando i neurotrasmettitori che regolano l'umore e le emozioni.

Affrontare la Procrastinazione Emotiva

Le donne con ADHD possono talvolta procrastinare non solo le attività, ma anche l'elaborazione delle emozioni. Questo può manifestarsi attraverso l'evitamento di situazioni emotivamente cariche o attraverso comportamenti di distrazione. Essere consapevoli di questo modello e sviluppare strategie per affrontare le emozioni non appena emergono può essere cruciale per evitare accumuli di stress emotivo.

La Biologia delle Emozioni

Comprendere la biologia delle emozioni e come l'ADHD influisce su essa può anche essere una componente cruciale. L'ADHD ha una base neurobiologica e può influenzare il modo in cui le emozioni sono vissute e regolate. Avere una comprensione dei meccanismi neurologici e ormonali alla base della variabilità emotiva può offrire ulteriori spunti e strumenti per la gestione delle emozioni e l'autoregolazione.

L'importanza del Perdono

Il perdono, sia verso se stessi che verso gli altri, è un aspetto centrale della gestione delle emozioni. A volte, la rabbia o il risentimento possono essere emozioni dominanti e persistenti per le persone con ADHD a causa di esperienze passate di incomprensione, fallimenti o conflitti. Lavorare attivamente verso il perdono può liberare spazio emotivo e mentale, facilitando un percorso verso la pace interiore e la guarigione.

Esplorare e approfondire ciascuno di questi punti può fornire una guida completa e dettagliata che aiuta le donne con ADHD a navigare attraverso le sfide uniche e comuni della variabilità emotiva e della regolazione delle emozioni, promuovendo così il benessere, l'autocomprensione e l'autoaccettazione.

Concludendo il punto riguardo la "Gestione delle Emozioni" in donne con ADHD, sottolineiamo che le strategie e gli approcci sopra elencati sono fondamentali non solo per la gestione quotidiana delle emozioni, ma anche per la costruzione di una vita equilibrata e soddisfacente. La comprensione e l'implementazione di meccanismi di gestione emotiva può rappresentare una sfida significativa, ma allo stesso tempo, offre opportunità per crescita personale e sviluppo.

È essenziale riconoscere che la gestione delle emozioni per le donne con ADHD può richiedere un approccio multi-dimensionale che abbracci sia gli aspetti psicologici che quelli biologici del disturbo. La comprensione di come l'ADHD influenzi la regolazione emotiva e la consapevolezza di sé diventa un pilastro su cui costruire strategie efficaci. Adottare una mentalità aperta verso il continuo apprendimento e l'adattamento delle strategie è fondamentale per navigare attraverso la variabilità intrinseca della vita e delle esperienze emotive.

Incorporare un mix di strategie - dalle pratiche di mindfulness e meditazione, all'espressione creativa, all'esplorazione della biologia delle emozioni, e all'applicazione di interventi terapeutici mirati - contribuisce a creare un insieme di strumenti robusto e personalizzabile, che ogni donna può adattare in base alle sue specifiche esigenze e contesto di vita.
È anche vitale ricordare che il percorso verso una gestione efficace delle emozioni è un viaggio, e non una destinazione. Le sfide emotive possono cambiare e evolvere nel corso del tempo, richiedendo aggiustamenti nelle strategie impiegate. In questo viaggio, la compassione e l'accettazione di sé sono essenziali; celebrare i progressi, riconoscere le sfide e persistere anche di fronte alle difficoltà rendono il percorso di autoscoperta e autogestione un'esperienza arricchente e potente.
In ultimo, la creazione di una rete di supporto - composta da professionisti della salute mentale, amici, familiari, e gruppi di supporto - fornisce un contesto in cui condividere esperienze, ottenere conforto e acquisire nuove prospettive. Questa rete non solo arricchisce il percorso individuale, ma offre anche un contesto in cui la reciprocità, la condivisione e il sostegno reciproco sono celebrati e coltivati, tessendo un

tessuto sociale e emotivo che abbraccia e potenzia ogni individuo nel suo percorso unico. Attraverso un tale approccio integrato, variegato e personalizzabile, le donne con ADHD possono non solo apprendere a navigare efficacemente attraverso il panorama delle proprie emozioni, ma anche scoprire nel processo una profondità di auto-comprensione, resilienza e autenticità che arricchisce ogni aspetto della loro vita.

9. Finanza Personale • Consigli su come gestire le finanze personali efficacemente.

La gestione delle finanze personali può presentare una sfida rilevante per le donne con ADHD, data la propensione verso la distrazione e la difficoltà nella gestione del tempo e dell'organizzazione, aspetti spesso associati al disturbo. Per questo motivo, è essenziale sviluppare strategie e strumenti adeguati per facilitare un amministrazione finanziaria sana e sostenibile. Vediamo alcuni aspetti chiave.

1. Creare un Budget:

- **Strutturazione:** Creare una struttura di budget chiara, che distingua le spese fisse da quelle variabili, e includa una parte di risparmio.
- **Automatizzazione:** Utilizzare strumenti e app per l'automatizzazione delle spese e dei risparmi.

2. Impostare Obiettivi Finanziari:

- **Chiari e Misurabili:** Definire obiettivi chiari, sia a breve che a lungo termine.
- **Rivisitazione Periodica:** Revisionare periodicamente gli obiettivi per assicurarsi che siano ancora allineati con le esigenze e le aspirazioni.

3. Strategie Anti-Impulsività:

- **Lista della Spesa:** Creare liste per gli acquisti e attenersi a queste durante lo shopping.
- **Periodo di Attesa:** Imporre un periodo di riflessione prima di effettuare acquisti impulsivi.

4. Organizzazione Documenti Finanziari:

- **Sistemi di Archiviazione:** Implementare un sistema efficace di archiviazione dei documenti.
- **Digitalizzazione:** Valutare la digitalizzazione dei documenti per ridurre l'ingombro fisico e aumentare l'accessibilità.

5. Pianificazione per il Futuro:

- **Piano di Risparmio:** Creare un piano di risparmio per la pensione e altri obiettivi a lungo termine.
- **Emergenze:** Stabilire un fondo per le emergenze.

6. Uso di Tecnologia:

- **App di Gestione Finanziaria:** Sfruttare app e strumenti digitali per tracciare spese e risparmi.
- **Impostazioni di Allarme:** Utilizzare allarmi e promemoria per le scadenze dei pagamenti.

7. Educarsi Finanziariamente:

- **Libri e Corsi:** Investire tempo nell'apprendimento attraverso libri, corsi e seminari su finanza personale.
- **Consultazione con Esperti:** Valutare la possibilità di consultare un consulente finanziario.

8. Abilità di Negoziazione:

- **Confrontare Prezzi:** Prendere il tempo per confrontare prezzi e servizi.
- **Negoziazione di Tariffe:** Non esitare a negoziare tariffe e prezzi quando possibile.

9. Identificazione di Triggers di Spesa:

- **Giornale delle Spese:** Mantenere un registro delle spese per identificare pattern e triggers.
- **Sostituzione di Abitudini:** Identificare e sostituire abitudini di spesa dannose con alternative più salutari.

10. Supporto e Rete Sociale:

- **Gruppi di Supporto:** Unirsi a gruppi o forum che discutono la gestione delle finanze.
- **Responsabilità:** Condividere obiettivi finanziari con amici o familiari per accrescere la responsabilità.

La gestione efficace delle finanze per donne con ADHD può essere facilitata e resa meno onerosa attraverso l'implementazione di queste strategie, che non solo possono aiutare a mantenere in ordine le finanze, ma anche portare a una maggiore tranquillità e stabilità finanziaria.

10. Carriera e Successo • Consigli per avere successo nella carriera e nella vita.

Per le donne con ADHD, navigare nel percorso di carriera e perseguire il successo può implicare la navigazione attraverso sfide uniche e, contemporaneamente, sfruttare gli aspetti positivi e le forze spesso associate al disturbo. Qui di seguito vengono esplorate diverse strategie e consigli che possono sostenere donne con ADHD nel loro viaggio verso il successo in carriera e nella vita.

1. Comprendere l'ADHD:

- **Autoconsapevolezza:** Avere una solida comprensione delle proprie sfide e punti di forza legati all'ADHD.
- **Accettazione:** Accettare il disturbo come parte della propria individualità e riconoscere che offre sia sfide che vantaggi.

2. Scelta della Carriera:

- **Passione e Interesse:** Orientare la scelta di carriera verso aree di genuino interesse e passione.

- **Ambiente di Lavoro Adatto:** Considerare un ambiente lavorativo che sia flessibile e adattabile alle proprie esigenze.

3. Organizzazione e Pianificazione:

- **Strumenti di Organizzazione:** Utilizzare planner, app, o strumenti analogici per organizzare compiti e appuntamenti.
- **Definire Priorità:** Avere chiarezza su cosa è più importante e urgente in termini lavorativi.

4. Abilità Sociali e Networking:

- **Sviluppo delle Competenze Sociali:** Lavorare sulle abilità comunicative e interpersonali.
- **Networking:** Partecipare a eventi e creare connessioni professionali.

5. Mentorship e Coaching:

- **Cercare un Mentor:** Trovare qualcuno che possa guidare e consigliare nel percorso professionale.
- **Coaching Professionale:** Considerare un coach specializzato in ADHD.

6. Strategie Anti-Procrastinazione:

- **Tecnica Pomodoro:** Utilizzare tecniche come il metodo Pomodoro per gestire il tempo e ridurre la procrastinazione.
- **Ricompense:** Implementare un sistema di ricompense per mantenere alta la motivazione.

7. Salute e Benessere:

- **Cura di Sé:** Assicurarsi di prendersi cura della propria salute mentale e fisica.
- **Pausa e Riposo:** Integrare periodi di pausa e assicurarsi un sonno adeguato.

8. Continuo Apprendimento:

- **Formazione Continua:** Mantenere un approccio di apprendimento continuo e aggiornamento delle competenze.
- **Lettura:** Dedicare tempo alla lettura e all’approfondimento in ambito professionale.

9. Flessibilità e Adattabilità:

- **Prontezza al Cambiamento:** Essere aperte e pronte a modificare piani e strategie quando necessario.
- **Problem Solving:** Sviluppare abilità di problem solving e pensiero creativo.

10. Sostenere e Promuovere la Diversità:

- **Advocacy:** Essere advocate per la neurodiversità sul luogo di lavoro.
- **Supportare Colleghi:** Essere un sostegno per colleghi che potrebbero affrontare sfide simili.

Il percorso verso il successo nella carriera e nella vita per le donne con ADHD può essere impreziosito dalla presenza del disturbo, portando avanti un'unicità e un approccio diversificato alle sfide. Attraverso l'implementazione di strategie mirate, la ricerca di supporto e l'utilizzo di risorse, le donne con

ADHD possono non solo navigare con successo nel mondo del lavoro ma anche prosperare, celebrando e utilizzando le proprie unicità come punto di forza.

11. Navigare attraverso Sfide e Ostacoli:

- **Affrontare Fallimenti:** Apprendere da momenti di fallimento o sconfitta, usando tali esperienze come opportunità di crescita piuttosto che come battute d'arresto.
- **Problem Solving Proattivo:** Adottare un approccio proattivo per identificare e superare gli ostacoli in maniera creativa e innovativa.

12. Capire e Utilizzare i Propri Punti di Forza:

- **Analisi SWOT Personale:** Eseguire un'analisi SWOT (Strengths, Weaknesses, Opportunities, Threats) su se stesse per comprendere a fondo quali sono i propri punti di forza e aree di miglioramento.
- **Leveraging Strengths:** Utilizzare attivamente i propri punti di forza nelle attività quotidiane e nei progetti lavorativi per ottimizzare i risultati.

13. Negoziazione e Auto-promozione:

- **Sviluppare Abilità di Negoziazione:** Imparare come negoziare efficacemente salari, responsabilità e altre condizioni lavorative.

- **Auto-promozione Efficace:** Essere capaci di parlare e presentare i propri successi e competenze in modo autentico e convincente.

14. Gestione del Team e Leadership:

- **Gestione Efficace:** Applicare strategie per una gestione efficace del team, soprattutto se si ricoprono ruoli di leadership.
- **Stili di Leadership:** Esplorare e adottare stili di leadership che siano congruenti con la propria personalità e principi.

15. Equilibrio tra Vita Lavorativa e Vita Privata:

- **Stabilire Confini:** Imporre limiti chiari tra vita lavorativa e vita personale per mantenere un sano equilibrio.
- **Tempo di Qualità:** Assicurarsi di dedicare tempo di qualità a se stesse e alle relazioni personali.

16. Sviluppo Professionale a Lungo Termine:

- **Pianificazione di Carriera:** Stabilire obiettivi chiari e una strategia per il proprio percorso professionale futuro.
- **Reinvenzione Professionale:** Essere pronte a reinventarsi professionalmente e ad esplorare nuove opportunità di carriera.

17. Gestione dello Stress:

- **Tecniche di Riduzione dello Stress:** Adottare tecniche come la mindfulness e lo yoga per gestire lo stress lavorativo.
- **Prendersi delle Pausa:** Includere delle pause e momenti di disconnessione dalla routine lavorativa per ricaricarsi.

18. Costruzione della Resilienza:

- **Sviluppare la Resilienza:** Lavorare sulle proprie capacità di riprendersi rapidamente da situazioni stressanti o sfavorevoli.
- **Apprendimento da Sfide:** Trasformare le sfide e gli ostacoli in opportunità di apprendimento e crescita personale.

19. Creazione di un Network di Supporto:

- **Gruppi di Supporto:** Unirsi o creare gruppi di supporto per donne con ADHD, dove condividere esperienze e strategie.
- **Alleanze Professionali:** Costruire relazioni con professionisti che possano supportare il percorso di carriera.

20. Conciliazione tra ADHD e Lavoro:

- **Strategie di Adattamento:** Sviluppare e implementare strategie specifiche che permettano di adattare l'ambiente di lavoro alle proprie esigenze legate all'ADHD.
- **Disclosure Selettiva:** Considerare quando e come divulgare la diagnosi di ADHD in ambito lavorativo.

Navigare verso il successo e una carriera appagante, gestendo contemporaneamente l'ADHD, richiede un approccio olistico che tenga conto delle sfide specifiche e delle risorse disponibili. Per le donne con ADHD, questo percorso può implicare la scoperta e l'implementazione di strategie specifiche che permettano di capitalizzare sui propri punti di forza unici, mentre si naviga attraverso un ambiente di lavoro e una società che possono non essere sempre strutturati per sostenere la neurodiversità. Da qui l'importanza di strategie personalizzate e di un supporto mirato per agevolare il percorso verso il successo e il benessere in ogni aspetto della vita.

Per elaborare con profondità l'ultimo punto, relativo alla **Conciliazione tra ADHD e Lavoro**, è importante riconoscere le peculiarità e le sfide che le donne con ADHD possono incontrare nell'ambito professionale. La gestione dell'ADHD non è solo centrata sulla mitigazione dei sintomi, ma anche sulla creazione di un ambiente – sia interiore che esteriore – che sia sostenibile e favorevole allo sviluppo delle proprie potenzialità.

La **Strategia di Adattamento** richiede un'attenta riflessione e possibilmente la collaborazione con professionisti, come coach per l'ADHD o psicologi, per identificare modalità operative e ambienti lavorativi che favoriscano la focalizzazione e minimizzino le distrazioni. Può essere utile l'impiego di strumenti tecnologici o app che assistano nella gestione del tempo e delle priorità, o anche l'adozione di tecniche specifiche, come la "tecnica del pomodoro", per gestire la focalizzazione durante il lavoro. Inoltre, la creazione di un ambiente di lavoro ergonomico e con stimoli controllati, quale un'illuminazione adeguata e una disposizione organizzata del proprio spazio, può fare una significativa differenza nel supportare la concentrazione e il benessere.

Il concetto di **Disclosure Selettiva**, ovvero la scelta di quando e come parlare della propria diagnosi di ADHD nel contesto lavorativo, è un aspetto delicato e necessita di una valutazione ponderata delle potenziali implicazioni. La decisione di divulgare la propria condizione può essere influenzata da diversi fattori, tra cui il tipo di ambiente lavorativo, la cultura aziendale, e le leggi nazionali riguardo la disabilità e la discriminazione. Divulgare la propria diagnosi può aprire la via per richiedere e ricevere adeguate accomodazioni e supporto, ma anche

portare a possibili incomprensioni o stigma. Pertanto, la strategia di comunicazione dovrebbe essere attentamente pensata e, se possibile, discussa e pianificata con un professionista esperto o un mentore di fiducia.
In ultima analisi, l'armonizzazione tra ADHD e carriera si arricchisce attraverso un continuo processo di adattamento e apprendimento, in cui le strategie vengono modulate e affinate in base all'evoluzione della carriera e della comprensione della propria ADHD. Ciò potrebbe includere l'espansione delle proprie competenze attraverso la formazione continua, l'esplorazione di nuovi settori o ruoli che potrebbero essere più allineati con i propri punti di forza e interessi, e lo sviluppo di una rete di sostegno robusta e resiliente.
Quindi, attraverso un'esplorazione dettagliata e personalizzata dei modi in cui l'ADHD si manifesta e interagisce con le diverse sfere della vita lavorativa, le donne possono sviluppare un percorso professionale che non solo acommodi la propria neurodiversità, ma che anche celebri e capitalizzi sui talenti e le capacità uniche che portano al tavolo. La conciliazione tra ADHD e lavoro diventa non solo una questione di gestione delle sfide, ma anche un'opportunità per reinventare e riimmaginare la propria traiettoria

professionale in un modo che sia veramente arricchente e sostenibile.

11. Self-Care • L'importanza dell'auto-cura e consigli pratici.

11. Self-Care

L'importanza dell'auto-cura e consigli pratici.

Introduzione alla Rilevanza dell'Auto-Cura

L'auto-cura (o "self-care") rappresenta un pilastro fondamentale nella vita di chiunque, e ancor più per le donne con ADHD. Le sfide giornaliere che l'ADHD porta con sé, come la gestione delle distrazioni, l'organizzazione e la regolazione delle emozioni, possono esaurire le riserve energetiche, rendendo quindi essenziale una pratica costante e consapevole di auto-cura.

L'Auto-Cura come Scelta Strategica

L'auto-cura non deve essere vista come un lusso o un'indulgenza, ma piuttosto come una strategia essenziale per mantenere o ripristinare il benessere mentale, fisico ed emotivo. Non si tratta solo di momenti di relax o di pausa, ma di un insieme di pratiche e abitudini quotidiane che sostengono la salute e il benessere a 360 gradi.

Strategie Pratiche di Auto-Cura

1. **Stabilire Routine Solide**: Le routine giornaliere possono costituire un'ancora, specialmente per chi ha ADHD. Avere momenti stabiliti per il risveglio, i pasti, l'esercizio fisico, e il riposo può creare un ritmo prevedibile che aiuta a gestire il tempo e l'energia.
2. **Esercizio Fisico**: L'attività fisica regolare non solo ha benefici per la salute fisica ma anche per la mentale. Può aiutare a gestire lo stress, migliorare l'umore, e incrementare i livelli di energia.
3. **Sonno di Qualità**: Il sonno è fondamentale per la riparazione cognitiva e fisica. Creare un ambiente favorevole al sonno e mantenere una routine costante aiuta nel migliorare la qualità del riposo notturno.
4. **Nutrizione Equilibrata**: Un'alimentazione bilanciata e nutriente sostiene le funzioni cerebrali e l'energia generale.
5. **Mindfulness e Tecniche di Rilassamento**: Pratiche come la meditazione, lo yoga, e la respirazione consapevole possono aiutare a gestire lo stress e a centrarsi nel presente.
6. **Spazio Personale**: Trovare momenti e spazi per sé, che permettano di riconnettersi con le proprie esigenze e desideri.
7. **Attività Piacerevoli**: Dedicare tempo ad attività che portano gioia e soddisfazione, come hobby o passatempi creativi.

8. **Supporto Sociale**: Mantenere connessioni significative e supporto sociale, sia virtualmente che di persona, contribuisce al proprio benessere emotivo.

Barriere all'Auto-Cura e Come Superarle

Le donne con ADHD possono talvolta trovare ostacoli nell'implementare strategie di auto-cura a causa di distrattibilità, procrastinazione, o sovraccarico di impegni. La chiave può risiedere nell'adottare un approccio compassionevole e flessibile, dove le strategie di auto-cura sono integrate in modo fluido e adattabile nella vita quotidiana. Utilizzare promemoria, applicazioni, o supporto esterno per mantenere e ricordare le pratiche di auto-cura può essere altresì utile.

In conclusione, l'auto-cura è fondamentale non solo come strategia di coping, ma come elemento centrale nella creazione di una vita equilibrata e soddisfacente per le donne con ADHD. Attraverso l'implementazione consapevole e intenzionale di pratiche di self-care, si costruisce una fondamenta solida da cui navigare le sfide e celebrare i successi lungo il percorso della vita con ADHD.

Auto-Cura e Autostima: Un Binomio Essenziale

Per le donne con ADHD, l'auto-cura va oltre la mera pratica di attività rigeneranti o di pausa; è un dialogo continuo con se stesse che sostiene l'autostima e la percezione di sé. Spesso, l'ADHD può portare a sentimenti di inadeguatezza o frustrazione a causa delle sfide nel gestire vari aspetti della vita quotidiana e lavorativa. Un impegno consapevole nell'auto-cura diventa dunque essenziale per rafforzare la fiducia in sé, alimentando un ciclo positivo in cui prendersi cura di sé è sia un atto d'amore verso se stesse che un modo per migliorare la gestione delle sfide quotidiane relative all'ADHD.

L'Auto-Cura come Atto di Ribellione

In una società che spesso premia la produttività costante e l'essere sempre "sul pezzo", prendersi deliberatamente del tempo per l'auto-cura può essere visto come un atto di ribellione. Le donne, in particolare, possono sentirsi spinte verso ruoli di accudimento o di sostegno ad altri, mettendo spesso se stesse in secondo piano. Rivendicare spazi e momenti per la cura di sé diventa, dunque, un atto potente di autodeterminazione e di affermazione delle proprie necessità e del proprio valore.

Tecnologie e App di Supporto all’Auto-Cura

In un’era sempre più digitale, le applicazioni e le piattaforme tecnologiche offrono opportunità uniche per supportare pratiche di auto-cura. App di meditazione, piattaforme di fitness online, e strumenti di tracciamento delle abitudini possono diventare alleati preziosi per implementare e mantenere abitudini salutari, offrendo risorse facilmente accessibili e personalizzabili.

Network e Comunità come Forme di Auto-Cura

Essere parte di una comunità o rete che condivide esperienze simili può essere un potente strumento di auto-cura. Gruppi di sostegno, forum online, e eventi dedicati possono offrire uno spazio dove condividere sfide, successi e strategie in un ambiente comprensivo e senza giudizio. Inoltre, la condivisione e l’ascolto di esperienze altrui possono non solo offrire nuove prospettive e strumenti pratici ma anche fornire quel senso di appartenenza e comprensione che è fondamentale per il benessere emotivo.

L'Auto-Cura nel Ciclo Vitale

La pratica dell'auto-cura può e dovrebbe evolvere attraverso le diverse fasi del ciclo vitale. Ciò che sostiene e nutre una persona in una fase della vita potrebbe cambiare nel tempo, e l'adattabilità diventa cruciale. Durante periodi di transizione o di cambiamento significativo, come una nuova carriera, maternità, o la menopausa, le necessità di auto-cura possono mutare e richiedere una ridefinizione delle strategie implementate.

Inclusione del Partner nell'Auto-Cura

In contesti relazionali, l'inclusione del partner nelle pratiche e nelle strategie di auto-cura può essere di fondamentale importanza. Dialogare apertamente sulle proprie necessità, sui momenti dedicati a se stesse, e su come il partner può supportare (o partecipare a) queste pratiche, può arricchire la relazione e creare uno spazio condiviso di comprensione e sostegno reciproco. L'auto-cura, quindi, s'intreccia in maniera complessa e articolata con tutti gli aspetti dell'esistenza, offrendo un terreno su cui costruire una vita che, pur nelle sfide che l'ADHD può presentare, sia arricchente, soddisfacente e autentica.

L'Arte come Mezzo di Auto-Cura

L'espressione artistica può rivelarsi uno strumento potente e terapeutico di auto-cura per le donne con ADHD. Che si tratti di pittura, scrittura, danza, o qualsiasi altra forma artistica, l'arte offre un canale per esplorare e esprimere emozioni, esperienze e identità in un modo che può essere allo stesso tempo catartico e rivelatore. È un modo per creare uno spazio di espressione personale libera da giudizi e aspettative esterne, offrendo un'oasi di autenticità e sperimentazione.

Inserire la Natura nel Percorso di Auto-Cura

L'ambiente naturale è frequentemente associato al benessere mentale e fisico. Inserire momenti trascorsi nella natura – che si tratti di passeggiate nel bosco, attività all'aperto o semplicemente la cura di piante in casa – può contribuire a ristabilire un senso di equilibrio e connessione, sia con sé stesse che con il mondo circostante. La natura ha la capacità di richiamare alla presenza mentale e fisica, offrendo una pausa dalle sollecitazioni e dalle distrazioni del mondo esterno e creando un contesto in cui è possibile riallineare mente e corpo.

L'Auto-Cura Attraverso l'Alimentazione

Prestare attenzione all'alimentazione è un aspetto spesso sottovalutato dell'auto-cura, in particolare per le donne con ADHD che potrebbero trovarsi a dover gestire sfide legate alla pianificazione dei pasti e alla regolarità alimentare. Scegliere alimenti che nutrono il corpo e la mente, così come prestare attenzione a come e quando si mangia, può avere un impatto significativo sul benessere generale e sulla gestione dei sintomi dell'ADHD. Creare una routine alimentare, pianificare i pasti e garantirsi una nutrizione bilanciata sono azioni concrete che sostengono sia la salute fisica che quella mentale.

Mente e Corpo: L'Auto-Cura Attraverso il Movimento

Il movimento e l'attività fisica sono elementi chiave nella gestione dell'ADHD e nel percorso di auto-cura. Le attività fisiche, come lo yoga, la corsa o qualsiasi altra forma di esercizio, non sono solo benefici per la salute fisica, ma offrono anche un mezzo per scaricare l'energia in eccesso, migliorare l'umore e aumentare la concentrazione. Per le donne con ADHD, trovare una forma di movimento che sia gioiosa e sostenibile può essere un modo efficace per sostenere l'equilibrio mentale e fisico nel tempo.

Spiritualità e Mindfulness nella Giornata

Per alcune, la spiritualità e la pratica della mindfulness possono offrire un ancoraggio essenziale nella giornata. Queste pratiche, che possono includere la meditazione, la preghiera o altre forme di rituale, offrono un momento per connettersi con sé stesse e/o con qualcosa di più grande, fornendo spazio e tempo per il raccoglimento interiore e l'esplorazione delle proprie esperienze interiori.

La Giornalizzazione Come Pratica Quotidiana

La scrittura e la giornalizzazione offrono un modo per dialogare con sé stesse, esplorare pensieri ed emozioni e guadagnare chiarezza su desideri e bisogni. Questa pratica consente di osservare più da vicino i propri processi mentali ed emotivi, offrendo un'opportunità per riflettere, valutare e, quando necessario, riadattare le strategie e gli approcci alla vita quotidiana e alle sfide che si presentano.

Connettersi con il Proprio Sé Autentico

In un mondo che spesso impone ritmi e aspettative rigide, l'auto-cura diventa anche un percorso per riconnettersi con il proprio sé autentico, onorando e rispettando le proprie necessità, ritmi e desideri. Ogni pratica di auto-cura dovrebbe essere un passo verso l'accettazione e l'abbraccio di sé, sostenendo un percorso di vita che rifletta autenticamente chi si è.

Questi diversi aspetti dell'auto-cura sono intrecciati e interdipendenti, creando una rete che sostiene le donne con ADHD nel loro percorso verso il benessere e l'armonia personale. Essi rappresentano non solo strategie pratiche, ma anche un impegno verso sé stesse, un atto di rispetto e di amore che si radica nella quotidianeità e si esprime in ogni scelta e azione quotidiana.

Conclusione: La Centratura dell'Auto-Cura nel Percorso delle Donne con ADHD

L'auto-cura non è meramente una strategia, ma un intreccio essenziale di prassi che si fondono in una filosofia di vita, particularmente per le donne con ADHD. Nel contesto in cui l'ADHD può trasformare le quotidiane sfide in ostacoli apparentemente insuperabili, l'auto-cura diventa un faro, un orientamento stabile che aiuta a navigare attraverso le tempeste che potrebbero sorgere. Le strategie di auto-cura, dunque, vanno concepite non come mere tattiche, ma come profonde imbricazioni nell'essere e nel fare quotidiano.

La pluralità di pratiche di auto-cura - l'espressione artistica, la connessione con la natura, un'attenta cura alimentare, il movimento consapevole, le pratiche spirituali, la scrittura e l'alleanza con il proprio io autentico - costruiscono un ecosistema resiliente che non solo supporta, ma che in effetti celebra, la diversità e la molteplicità delle esperienze delle donne con ADHD. Questo ecosistema non solo mitiga i potenziali effetti negativi dell'ADHD, ma arricchisce la vita, creando un tessuto fittamente

intrecciato di esperienze, apprendimenti e crescita.
Incorporare l'auto-cura nella vita quotidiana delle donne con ADHD non è solo un mezzo per gestire o contenere i sintomi dell'ADHD; è un modo per riconoscere e onorare la totalità del loro essere, delle loro esperienze e delle loro aspirazioni. Si tratta di coltivare un terreno in cui sia possibile non solo sopravvivere, ma prosperare, e in cui le difficoltà divengano opportunità per la scoperta e la riflessione, aprendo spazi inaspettati di possibilità e sviluppo.
Le pratiche di auto-cura per le donne con ADHD, pertanto, devono essere intese come atti radicali di auto-affermazione e resistenza in un mondo che troppo spesso marginalizza e patologizza le divergenze cognitive e comportamentali. Quando l'auto-cura si radica in ogni aspetto della vita, essa non solo offre una stabilità tangibile e benessere in mezzo alle sfide quotidiane, ma serve anche come un costante promemoria del proprio valore intrinseco e della propria dignità.
In sintesi, il percorso dell'auto-cura non è linearmente progressivo né uniformemente positivo; esso incapsula alti e bassi, successi e sfide, scoperte e delusioni. Tuttavia, in ogni suo aspetto, esso riflette un impegno incondizionato verso sé stessi, una promessa di sostenere,

celebrare e nutrire il proprio essere in tutte le sue sfaccettature e attraverso tutte le sue fasi. Questo impegno, infuso di amore, compassione e accettazione, è ciò che in ultima analisi consente alle donne con ADHD di prosperare, creando storie di vita che sono ricche, piene e profondamente soddisfacenti.

12. Mindfulness e Meditazione • Come possono aiutare nella gestione dell'ADHD.

Mindfulness e Meditazione nella Gestione dell'ADHD nelle Donne

La mindfulness e la meditazione hanno guadagnato terreno come strumenti efficaci nella gestione dell'ADHD, offrendo una serie di benefici che vanno dal miglioramento della concentrazione alla riduzione dello stress e dell'ansia. L'ADHD, caratterizzato da difficolta' di attenzione, iperattivita' e impulsivita', porta spesso con sé un assortimento di sfide che vanno oltre le difficoltà di attenzione, influenzando diversi aspetti della vita, tra cui relazioni, produttività e benessere emotivo.

Mindfulness come Strumento di Centratura

La mindfulness, che può essere descritta come la pratica di essere pienamente presenti e impegnati nel momento attuale, è di fondamentale importanza per coloro che vivono con l'ADHD. Per le donne, in particolare, che spesso gestiscono una miriade di ruoli e responsabilità contemporaneamente, la capacità di ancorarsi al momento presente può offrire un importante spazio di pausa e riflessione.

Focalizzazione dell'Attenzione

Pratiche come la meditazione sulla consapevolezza del respiro possono agire come un allenamento mentale per il rafforzamento del focus e dell'attenzione, competenze che sono spesso sfidate dall'ADHD.

Gestione dello Stress

Le tecniche di mindfulness e meditazione offrono anche un veicolo per la gestione dello stress e dell'ansia, poiché il coinvolgimento consapevole con il momento presente può facilitare una pausa ristoratrice dalla costante marea di pensieri e preoccupazioni che spesso accompagnano l'ADHD.

Riconoscimento e Regolazione Emotiva

Le pratiche mindfulness incoraggiano anche il riconoscimento e l'accettazione delle esperienze emotive senza giudizio, il che può essere un passo vitale verso una più efficace regolazione emotiva.

Meditazione per l'Equilibrio Interiore

Connessione con Sé

La meditazione, in tutte le sue forme, può servire come uno spazio sacro di connessione con sé stessi, facilitando un dialogo interiore che può essere particolarmente prezioso per le donne con ADHD che potrebbero lottare con questioni di autostima e autoaccettazione.

Creazione di Spazio Mentale

La pratica meditativa può anche creare un "spazio" mentale, offrendo un momento di respiro da un ambiente interno altrimenti caotico e affollato, e permettendo di ritagliarsi momenti di quiete mentale.

Incorporamento nella Routine Quotidiana

Includere la meditazione come parte di una routine quotidiana può anche agire come una ancora, offrendo struttura e prevedibilità in mezzo al vortice delle sfide quotidiane presentate dall'ADHD.

L'Importanza della Pratica Continua

È fondamentale notare che la mindfulness e la meditazione non sono soluzioni "una-tantum", ma piuttosto pratiche che richiedono un impegno costante e continuo per essere veramente efficaci nella gestione dell'ADHD. La regolarità delle pratiche porta gradualmente a un incremento dei benefici, offrendo una stabilizzazione del sistema nervoso, un miglioramento della consapevolezza di sé e una generale elevazione del benessere psicologico e fisico.

Conclusione: Mindfulness e Meditazione come Alleati

La mindfulness e la meditazione, quindi, emergono come potenti alleati nel percorso delle donne con ADHD, non solo come strumenti di gestione sintomatica, ma come veicoli attraverso cui esplorare, connettersi e onorare il proprio essere autentico. Attraverso l'adozione consapevole di queste pratiche, le donne con ADHD possono non solo navigare attraverso le acque talvolta tempestose delle loro esperienze quotidiane ma possono anche scoprire un senso di pace, centratura e connessione interiore che eleva e sostiene il loro viaggio attraverso la vita.

Nota: Sempre che si tratti di un argomento delicato come la gestione della salute mentale, è essenziale consultare e lavorare con professionisti della salute mentale e specialisti dell'ADHD per sviluppare un approccio equilibrato e supportato alla gestione dell'ADHD attraverso tecniche come la mindfulness e la meditazione.

Approfondimento sulla Mindfulness e l'ADHD nelle Donne

La mindfulness, ancorata nell'arte della presenza consapevole, e la meditazione, con la sua capacità di indirizzare e stabilizzare la mente, vengono spesso promosse come pratiche beneficiarie per chi naviga attraverso le acque talvolta tumultuose dell'ADHD. Tuttavia, esplorare ulteriormente queste pratiche da diverse angolature fornisce una visione più stratificata di come possano essere integrate nelle vite delle donne che gestiscono questa condizione.

Comprendere la Mente ADHD

La comprensione delle specifiche sfide mentali ed emotive che le donne con ADHD possono affrontare è fondamentale per comprendere come la mindfulness e la meditazione possono essere modellate per massimizzare il loro impatto positivo. Le donne con ADHD spesso navigano attraverso una tempesta di pensieri ininterrotti, interruzioni, e fluttuazioni emotive, il tutto all'interno di una società che può non riconoscere o validare pienamente le loro esperienze.

La Neurobiologia di ADHD e Mindfulness

Da un punto di vista neurobiologico, l'ADHD è associato a varie irregolarità nei pattern di attivazione cerebrale, particolarmente nelle aree associate con l'attenzione sostenuta e la regolazione delle risposte impulsive. La pratica della mindfulness, d'altro canto, ha mostrato di modificare positivamente le reti cerebrali associate alla consapevolezza, all'attenzione e alla regolazione emotiva, offrendo un controbilanciamento neurologico potenziale alle sfide presentate dall'ADHD.

Mindfulness: Oltre la Meditazione

Mentre la meditazione è spesso associata strettamente alla mindfulness, è cruciale riconoscere che la mindfulness può essere praticata in molti modi diversi oltre la meditazione formale. La pratica della mindfulness può includere attività come camminare consapevolmente, esercizi di respirazione mirata, o qualsiasi attività che incoraggi la presenza mentale e l'engagement consapevole. Per le donne con ADHD, l'implementazione di brevi pratiche quotidiane di mindfulness può divenire un ponte verso una maggiore stabilità e focus mentale.

Meditazione: Esplorare Varie Forme

D'altro canto, la meditazione non è un monolite e viene espressa in una varietà di forme, ognuna delle quali porta con sé un unico set di benefici e sfide. Ad esempio, la meditazione guidata può fornire un quadro strutturale che può aiutare a mantenere l'attenzione e guidare la mente, mentre la meditazione in silenzio può offrire uno spazio di tranquillità e autoesplorazione. La scelta del tipo di meditazione potrebbe necessitare di essere attentamente modulata per adattarsi alle sfide e alle necessità uniche delle donne con ADHD.

Integrazione nella Vita Quotidiana

Il modo in cui la mindfulness e la meditazione vengono integrate nella vita quotidiana è anch'esso un fattore fondamentale da considerare. Considerando i vari ruoli e responsabilità che molte donne si trovano a gestire, trovare modi per intrecciare queste pratiche in modo organico e sostenibile all'interno del tessuto della vita quotidiana diventa vitale. Potrebbe trattarsi di incorporare la mindfulness nei momenti "di transizione" durante il giorno, o dedicare periodi specifici della giornata alla meditazione formale.

Riguardo all'Accettazione e la Gentilezza

Un ulteriore elemento da sottolineare è il principio di non giudizio intrinseco alla pratica della mindfulness. L'ADHD può spesso portare con sé un carico di autogiudizio e critica interna. Pertanto, l'invito a accogliere ogni momento, e se stesse, con accettazione e gentilezza, non solo offre un sollievo, ma sottolinea anche un percorso verso la guarigione e l'accettazione di sé. In questo vasto panorama, la mindfulness e la meditazione emergono non solo come tecniche di gestione dello stress o strumenti di focalizzazione, ma come pratiche di vita che invitano ad una connessione più profonda, un'accettazione più radicale, e un'interazione più consapevole e compassionevole con sé stesse e con il mondo circostante per le donne che convivono con l'ADHD.

Conclusione: L'Intersezione tra Mindfulness e Donne con ADHD

Nella gestione dell'ADHD, la mindfulness e la meditazione, sebbene sfaccettate e multiformi nei loro approcci e impatti, emergono come potenti alleate, particolarmente per le donne. L'intreccio della consapevolezza, la pacificazione della mente, e l'abilità di navigare tra gli alti e bassi emotivi dell'ADHD con accettazione e compassione, diventano essenziali non solo per la gestione dei sintomi, ma anche per il nutrimento del benessere olistico.

Il Viaggio Oltre i Sintomi

Mentre la mindfulness non è una "cura" per l'ADHD, essa offre un percorso per vivere al di là della patologia dei sintomi, in un luogo dove l'esperienza umana è accolta in tutte le sue sfumature e complessità. Per le donne con ADHD, la pratica consapevole può offrire non solo strumenti per la gestione dei sintomi, ma anche un luogo da cui affrontare il mondo con una maggiore stabilità ed equilibrio emotivo, permettendo loro di vivere con un senso amplificato di autonomia e autenticità.

La Personalizzazione della Pratica

Il fatto che non esista un unico approccio "giusto" alla mindfulness e alla meditazione è particolarmente rilevante. La personalizzazione della pratica in base alle proprie esigenze, interessi e capacità attuali è fondamentale. Potrebbe significare esplorare diverse forme di meditazione, impegnarsi in pratiche di mindfulness in modo non convenzionale, o modificare le pratiche esistenti per renderle più accessibili e applicabili alle proprie circostanze.

Il Ruolo Cruciale del Supporto e della Comunità

L'introduzione e il mantenimento delle pratiche di mindfulness e meditazione nella vita quotidiana possono trarre beneficio dal supporto e dall'orientamento di professionisti, comunità e persino applicazioni digitali. Avere un sostegno nell'imparare, applicare e mantenere queste pratiche è spesso sottovalutato, ma può essere un componente chiave per mantenere la coerenza e l'efficacia a lungo termine di queste pratiche.

Un Invito all'Auto-Compassione e al Lento Progresso

L'incoraggiamento verso l'auto-compassione e la pazienza nel percorso della mindfulness con ADHD non può essere sottolineato abbastanza. Poiché le pratiche consapevoli possono talvolta portare a galla emozioni e scoperte inaspettate, l'approccio con gentilezza, pazienza e supporto è cruciale. Inoltre, il riconoscimento del progresso, anche se apparentemente piccolo o lento, è un aspetto vitale della pratica che nutre la crescita continua.

La Mindfulness come Alleata nel Viaggio dell'ADHD

In conclusione, il ruolo della mindfulness e della meditazione nel viaggio delle donne con ADHD è tanto esplorativo quanto è terapeutico. Il potere di queste pratiche non sta solo nella loro capacità di attutire o gestire i sintomi dell'ADHD, ma nel loro potenziale di offrire uno spazio di accoglienza, comprensione e accettazione profonda di se stesse e delle proprie esperienze. E, forse più di tutto, nella creazione di uno spazio interiore in cui si può respirare, essere e divenire, nonostante e attraverso le sfide dell'ADHD, in un percorso che porta verso la propria autenticità e verità interiore.

13. Terapia e Coaching • L'importanza della terapia e del coaching per le donne con ADHD.

Terapia e Coaching per Donne con ADHD: Un Viaggio di Sostegno e Crescita

Per molte donne con ADHD, il percorso attraverso diagnosi, accettazione e gestione può essere un viaggio complesso e spesso tortuoso. La terapia e il coaching emergono come catalizzatori vitali che possono facilitare un percorso più semplificato e sostenuto verso la gestione efficace dell'ADHD e l'abbellimento della qualità della vita in generale. Vediamo alcune ragioni e metodi che sottolineano l'importanza della terapia e del coaching in questo contesto.

1. **Validazione e Comprensione:**

La terapia fornisce uno spazio sicuro e accogliente dove le donne con ADHD possono sentirsi viste, ascoltate e validate. La lotta silenziosa contro l'incomprensione, lo stigma e l'autogiudizio può trovare soluzione e pace attraverso conversazioni terapeutiche che esplorano e legittimano le esperienze vissute.

2. **Strategie Personalizzate:**

Il coaching si distingue offrendo un framework strutturato e spesso orientato all'azione per sviluppare strategie personalizzate che facilitano il management della vita quotidiana. Che si tratti di organizzazione, gestione del tempo o navigare attraverso sfide professionali, il coaching può offrire strumenti adattati alle specifiche necessità e ambizioni delle donne con ADHD.

3. **Gestione delle Emozioni e dello Stress:**
Le donne con ADHD possono sperimentare sfide peculiari legate alla regolazione emotiva e allo stress. La terapia può esplorare le radici di tali dinamiche, mentre il coaching può offrire strumenti pratici e tattici per gestirle nel quotidiano, garantendo che entrambi gli approcci siano complementari nel fornire un sostegno olistico.

4. **Rafforzare le Relazioni:**
Le relazioni, sia personali che professionali, possono essere navigated con accresciuta grazia ed efficacia quando terapia e coaching forniscono insight e strumenti. Mentre la terapia può esplorare modelli relazionali e dinamiche emozionali, il coaching può stratificare questo con strategie comunicative e tecniche di assertività.

5. **Empowerment e Autostima:**
Incorporare la fiducia e l'autostima nel contesto di ADHD significa spesso ricostruire la narrativa interna attorno alle competenze e ai valori. Terapisti e coach possono collaborare per sviscerare credenze limitanti e costruire una fondazione di autostima e autoefficacia che permea ogni aspetto della vita.

6. **Supporto Continuato:**
Il percorso non è lineare e la necessità di supporto può oscillare e evolvere nel tempo. Un team di sostegno composto da terapeuti e coach assicura che ci sia una rete di sicurezza e un sistema di supporto che può adattarsi e scalare secondo le esigenze in continua evoluzione.
Conclusione: Integrare Terapia e Coaching nella Gestione dell'ADHD
L'integrazione della terapia e del coaching nel percorso di gestione dell'ADHD per le donne è meno un binario e più un tessuto intrecciato di supporto continuo, crescita e sviluppo. Mentre la terapia offre profondi intuizioni psicologiche e un luogo per esplorare e guarire, il coaching aggiunge una dimensione tattica e strategica che facilita l'applicazione pratica dei discernimenti e delle scoperte fatte nel contesto terapeutico. Insieme, formano un duo potente che può guidare le donne con ADHD attraverso un viaggio di autoscoperta, autostima e autorealizzazione, fornendo il sostegno, gli strumenti e le strategie necessari per prosperare.

Navigando ulteriormente attraverso le acque della terapia e del coaching per le donne con ADHD, è evidente che la portata di questi approcci si estenda ben oltre i confini delle sessioni formali e infonda ogni aspetto della loro esistenza. La comprensione e l'applicazione delle conoscenze e delle competenze acquisite all'interno di questi spazi di supporto possono avere ripercussioni ondulate attraverso vari ambiti della vita di una donna, dalle relazioni interpersonali, alla carriera, alla gestione delle sfide quotidiane.

7. **Riflessione e Rielaborazione:**
La terapia permette alle donne di riflettere profondamente su come l'ADHD influenzi le loro percezioni, emozioni e comportamenti, offrendo un ambiente sicuro dove esplorare e rielaborare esperienze, sia passate che presenti, in un contesto di accettazione e non giudizio.

8. **Accettazione e Compassione:**
Immersi nel coaching e nella terapia, l'atto dell'accettazione diventa centrale. Imparare a comprendere e accettare l'ADHD come parte integrante di sé può liberare le donne da catene di autogiudizio e autocritica, permettendo loro di navigare attraverso la vita con una rinnovata sensazione di auto-compassione e comprensione.

9. **Obiettivi di Vita e Ambizioni:**
Il coaching si rivela particolarmente efficace nell'assistere le donne a definire e perseguire i loro obiettivi e sogni, fornendo una struttura chiara e supporto nel delineare e implementare passaggi azionabili verso il raggiungimento delle

loro aspirazioni, nonostante le sfide che l'ADHD può presentare.

10. **Abilità Sociali e Interpersonali:** La terapia può fungere da veicolo per esplorare e migliorare le abilità sociali, offrendo insight su come l'ADHD possa influenzare la comunicazione e le interazioni con gli altri e fornendo strategie per sviluppare ulteriormente competenze interpersonali e sociali.

11. **Educazione e Consapevolezza:** Sia la terapia che il coaching giocano ruoli fondamentali nell'educare le donne sull'ADHD e su come questo possa manifestarsi nel loro contesto unico. L'aumento della consapevolezza può equipaggiarle con una lente attraverso la quale vedere e interpretare il loro mondo, migliorando la loro capacità di autoproteggersi e autoregolarsi in modo efficace.

12. **Supporto nel Percorso di Diagnosi:** Particolarmente per quelle donne che ricevono una diagnosi di ADHD in età adulta, il processo di navigare attraverso la nuova realtà e l'assorbimento di questa informazione può essere emotivamente travolgente e logisticamente complesso. La terapia e il coaching possono offrire un sostegno insostituibile durante questo periodo, facilitando una transizione morbida verso l'accettazione e la gestione attiva.

13. **Transizioni di Vita e Cambiamenti:** Le donne con ADHD possono trovare particolarmente impegnative le transizioni e i cambiamenti nella vita, come spostamenti, cambi di carriera o evoluzioni nelle relazioni. Terapia e coaching offrono strategie e supporto durante questi periodi, aiutando le donne a navigare attraverso cambiamenti con resilienza e adattabilità.
14. **Focalizzazione e Prioritizzazione:** Il coaching può aiutare le donne con ADHD a sviluppare abilità nel focalizzare la loro attenzione e stabilire priorità, creando strategie personalizzate che le assistano nel mantenere l'attenzione laddove è più necessario e beneficiare al massimo delle loro energie e risorse.

Attraverso tutte queste sfaccettature, la terapia e il coaching emergono non solo come fonti di sostegno, ma come pilastri vitali nella costruzione di una vita equilibrata, felice e produttiva per le donne con ADHD. Essi non solo navigano attraverso le acque spesso turbolente delle sfide quotidiane, ma si ergono anche come faro orientativo nel viaggio verso il benessere e l'adempimento personale.

Concludendo, l'enfasi posta sulla terapia e il coaching come strumenti fondamentali per le donne con ADHD trasmette un messaggio risonante circa l'importanza di un approccio olistico, centrato sulla persona, e della navigazione attenta attraverso le complesse acque dell'ADHD. L'intersezione di queste modalità di supporto con vari aspetti della vita quotidiana delle donne enfatizza non solo l'interconnessione di tutti questi elementi, ma anche la necessità di un percorso terapeutico e di coaching che sia flessibile, adattabile e attentamente allineato con le esigenze uniche e gli obiettivi di ogni individuo.

Implicazioni nell'Adattamento alla Vita Quotidiana:

L'impatto della terapia e del coaching permea in modo pervasivo l'esistenza di una donna con ADHD, influenzando in maniera significativa la sua autopercezione, il suo modo di interfacciarsi con il mondo e la sua capacità di far fronte alle sfide e sfruttare i propri punti di forza. Non solo questi interventi forniscono un quadro per comprendere e navigare attraverso le difficoltà, ma offrono anche una piattaforma su cui costruire capacità, sviluppare resilience e promuovere il benessere a lungo termine.

L'Importanza dell'Empowerment:
Il percorso attraverso terapia e coaching non è soltanto un viaggio di autoscoperta e sviluppo delle abilità, ma anche un potente percorso verso l'empowerment. Equipaggiando le donne con le competenze, la consapevolezza e le strategie necessarie per navigare attraverso le sfide dell'ADHD, questi spazi di supporto le abilitano a rivendicare il controllo della propria vita, a forgare il proprio percorso con determinazione e a intraprendere un viaggio di crescita continua e scoperta personale.
Costruzione di una Rete di Supporto Sostenibile:
Entrambi, terapia e coaching, promuovono anche la costruzione di una rete di supporto sostenibile, incoraggiando le donne a ricercare e costruire connessioni significative, sia all'interno che all'esterno delle sessioni. Questa comunità, che può includere altri professionisti, familiari, amici e gruppi di supporto, diventa un tessuto connettivo che ulteriormente rafforza e nutre il loro percorso attraverso la vita con ADHD.
L'Incorporamento Continuo delle Strategie Apprese:
Il successo e l'efficacia di tali interventi si misurano anche attraverso la capacità delle donne di incorporare le strategie e le competenze apprese in maniera continua e coerente nella loro

vita quotidiana. La traduzione delle competenze e delle conoscenze acquisite in azioni pratiche, decisioni consapevoli e strategie adattive contribuisce a creare un percorso sostenibile verso il benessere e il successo.

Conclusione:

In definitiva, l'importanza della terapia e del coaching per le donne con ADHD è cristallina, non solo come catalizzatori per il cambiamento e lo sviluppo ma anche come pietre miliari nella creazione di una vita intenzionale, consapevole e gratificante. Essi offrono uno spazio dove la vulnerabilità, la scoperta, l'apprendimento e la crescita si intersecano, permettendo alle donne di esplorare, comprendere, accettare e far fiorire il loro sé autentico, in tutte le sue sfumature e complessità.

14. Medicazione • Informazioni sull'uso dei farmaci per trattare l'ADHD nelle donne.

L'approccio farmacologico per la gestione dei sintomi dell'ADHD nelle donne presenta sfide, opportunità e considerazioni distinte. Quando si parla di medicazione nell'ambito dell'ADHD, è fondamentale ricordare che ogni individuo può rispondere diversamente e ciò che funziona per una persona potrebbe non funzionare per un'altra. Inoltre, è cruciale considerare le differenze di genere, le fluttuazioni ormonali e le circostanze della vita (come la gravidanza) che possono influire sulla prescrizione e sull'efficacia dei farmaci.

1. Scelta del Farmaco e Dosaggio:

- **Stimolanti vs. Non Stimolanti:** Gli stimolanti sono spesso la prima linea di trattamento farmacologico per l'ADHD, ma i non stimolanti possono essere preferiti in alcune circostanze, come nei casi di storia di abuso di sostanze o se gli stimolanti causano effetti collaterali indesiderati.
- **Dosaggio Personalizzato:** Trovare il giusto dosaggio può richiedere una sperimentazione attenta e meticolosa, collaborando strettamente con il professionista sanitario.

2. Effetti Collaterali:

- Alcuni effetti collaterali comuni degli stimolanti possono includere insonnia, perdita di appetito e aumenti della pressione sanguigna.
- Le donne possono riscontrare che la loro risposta ai farmaci cambia con le fluttuazioni ormonali mensili, influenzando l'efficacia e gli effetti collaterali.

3. Considerazioni Ormonali:

- **Ciclo Mestruale:** Le variazioni dei livelli ormonali durante il ciclo mestruale possono influenzare sia i sintomi dell'ADHD che l'efficacia del trattamento farmacologico.

- **Gravidanza e Allattamento:** Durante questi periodi, la medicazione per l'ADHD deve essere attentamente considerata e discutere con un team medico per bilanciare i benefici e i rischi.

4. Comorbilità:

- Le donne con ADHD possono anche avere comorbilità come depressione e ansia che possono richiedere un ulteriore approccio farmacologico o possono influenzare la scelta dei farmaci per l'ADHD.
- La medicazione per l'ADHD può a volte exacerbare i sintomi di altre condizioni, come l'ansia, quindi una gestione attenta è cruciale.

5. Adesione al Trattamento:

- La coerenza e la regolarità dell'assunzione dei farmaci sono fondamentali per la gestione efficace dei sintomi.
- L'organizzazione e la creazione di routine possono aiutare a gestire regolarmente la medicazione.

6. Follow-up e Monitoraggio:

- Un monitoraggio regolare e un dialogo aperto con il team medico sono essenziali per valutare l'efficacia del farmaco e regolare il dosaggio o cambiare il farmaco se necessario.
- L'auto-monitoraggio dei sintomi, degli effetti collaterali e delle altre variabili relative al benessere generale durante il trattamento farmacologico sono fondamentali.

7. Vita Quotidiana e Qualità della Vita:

- La valutazione dell'impatto dei farmaci sull'umore, l'energia, la motivazione e la qualità della vita è un aspetto cruciale nella gestione dell'ADHD.

8. Supporto Psicosociale:

- Anche se i farmaci possono essere un componente utile o addirittura necessario della gestione dell'ADHD, il supporto psicosociale, le strategie comportamentali e altre forme di terapia restano fondamentali.

In conclusione, la medicazione nell'ambito dell'ADHD nelle donne è un percorso complesso e individualizzato. Sia le sfide che le opportunità che emergono durante questo viaggio richiedono una considerazione attenta, un dialogo aperto e una collaborazione attiva tra la donna e il suo team medico. La gestione dell'ADHD attraverso la medicazione non è soltanto un atto di bilanciamento clinico ma è profondamente intrecciata con l'esplorazione del sé, la promozione del benessere e l'abilitazione verso una vita di plenitudine e autenticità.

9. Interazioni Farmacologiche:
Le donne con ADHD potrebbero assumere altre medicazioni o avere condizioni che interagiscono con i farmaci per l'ADHD, richiedendo un attento esame delle interazioni farmacologiche. Ad esempio, certi tipi di contraccettivi orali potrebbero interagire con i farmaci per l'ADHD, alterando la loro efficacia o provocando effetti collaterali aggiuntivi. E' indispensabile che tutte le informazioni relative ad altri farmaci, integratori o sostanze vengano condivise con il medico curante per evitare complicazioni e massimizzare l'efficacia del trattamento.
10. Alternative e Supplementi:
Alcune donne potrebbero cercare alternative o integrare il loro regime farmacologico con supplementi, come omega-3 o altri nutrienti che sono stati oggetto di ricerca nel contesto dell'ADHD. Ancora una volta, è essenziale una comunicazione chiara e onesta con i professionisti sanitari circa l'uso di tali sostanze per evitare potenziali interazioni nocive o contraffazioni dell'efficacia del trattamento.
11. Cambiamenti nel Corso della Vita:
Con il passare del tempo, le necessità farmacologiche possono cambiare. Le donne possono sperimentare variazioni nelle loro risposte ai farmaci dovute a modifiche ormonali, come quelle che si verificano durante la

menopausa, o a cambiamenti nello stile di vita, stress e altre variabili di vita. Il trattamento dovrebbe essere regolarmente rivalutato per garantire che rimanga ottimale nel contesto delle dinamiche mutevoli della vita della donna.

12. Gestione a Lungo Termine:

La riflessione sulla gestione a lungo termine della medicazione, inclusi gli aspetti come la tolleranza, la dipendenza potenziale e l'efficacia continuata nel tempo, è fondamentale. Alcune donne possono scoprire che i benefici di un farmaco diminuiscono nel tempo o che la sua efficacia varia, richiedendo aggiustamenti periodici del regime terapeutico.

13. Educazione e Avvocatura:

L'educazione sulla medicazione, sugli effetti collaterali, sulle alternative e sui diritti dei pazienti è cruciale. Le donne con ADHD dovrebbero sentirsi empowerizzate ad avvocare per se stesse nel contesto sanitario, chiedendo chiarimenti, esplorando opzioni e facendo scelte informate riguardo alla loro cura.

14. Comunità e Condivisione:

Condividere esperienze all'interno di una comunità può essere estremamente illuminante e di supporto. Le storie di altre donne riguardo all'uso della medicazione, ai trucchi per ricordare di prenderla, agli effetti collaterali e alle vittorie, possono fornire insight preziosi e un senso di camaraderie e comprensione.

15. Aspetti Etici e Socioculturali:

Infine, la riflessione sugli aspetti etici e socioculturali della medicazione per l'ADHD nelle donne richiede una considerazione. Ciò include le dinamiche del potere nel contesto medico, le disparità di accesso alle cure e alle informazioni, e la navigazione attraverso i pregiudizi e gli stereotipi che possono emergere in vari ambienti sociali e professionali.

In tutte queste dimensioni, è evidente che la medicazione per le donne con ADHD non è semplicemente un discorso di prescrizioni e pillole, ma un viaggio multifacetico che si intreccia con ogni aspetto della vita della donna. La medicazione non è solamente una strategia di gestione, ma un percorso che si svolge in parallelo ad altre forme di sostegno, terapia e crescita personale. Nella letteratura, storie e testimonianze, è cruciale riconoscere e riflettere su questa complessità, fornendo una piattaforma di comprensione, validazione e esplorazione approfondita delle diverse sfaccettature e sfide che le donne con ADHD navigano quotidianamente nel contesto del loro viaggio verso il benessere e l'autenticità.

Approfondimento sulla Medicazione e le Donne con ADHD

1. **Riconoscere l'Unicità di Ogni Donna:** La medicazione deve sempre essere personalizzata in quanto ogni individuo ha unica risposta e tolleranza ai farmaci. La differenziazione dei trattamenti farmacologici diventa essenziale nel prendere in considerazione le varie sfumature e specificità dell'esperienza della donna con l'ADHD, considerando anche eventuali condizioni coesistenti o questioni correlate all'umore, al ciclo mestruale, e ad altri fattori specifici del genere.
2. **La Dimensione Olistica:** Il benessere complessivo della donna deve essere posto al centro della strategia di medicazione. Ciò significa non solo guardare i sintomi dell'ADHD ma anche considerare la salute globale, inclusa la salute mentale, fisica e emotiva. Le potenziali intersezioni tra questi fattori e la medicazione devono essere esplorate e comprese nel contesto del piano di cura globale.
3. **Consapevolezza e Monitoraggio:** Una chiara consapevolezza dei possibili effetti collaterali e del modo in cui i farmaci influenzano il corpo e la mente della donna sono cruciali. Il monitoraggio regolare attraverso check-up e diari potrebbe rivelarsi un utensile vitale per

assicurarsi che la medicazione rimanga efficace e sicura nel tempo.

4. **Considerando il Ciclo di Vita:**
   La prospettiva del ciclo di vita è fondamentale quando si considera la medicazione per le donne con ADHD. Le fasi diverse della vita di una donna, come la gravidanza, la maternità e la menopausa, richiedono una considerevole attenzione e adattamento della strategia di medicazione, coinvolgendo una stretta collaborazione con i professionisti della salute.
5. **Apertura alla Modificazione e Adattamento:**
   La flessibilità e l'apertura al cambiamento sono essenziali nella gestione della medicazione. La donna dovrebbe essere protagonista nel suo percorso terapeutico, sentendosi libera di esprimere preoccupazioni, esperienze e desideri relativi al suo trattamento, e la terapia dovrebbe essere adeguatamente adattata.
6. **Percorso di Autenticità:**
   Navigare attraverso il percorso della medicazione richiede una riflessione autentica e profonda su ciò che significa sentirsi "sé stessi". Alcune donne potrebbero sperimentare cambiamenti nelle loro percezioni, emozioni o comportamenti con determinati farmaci e potrebbe essere necessario un delicato equilibrio per gestire l'efficacia del farmaco con il desiderio di autenticità.

7. **Combinazione di Approcci:**
   La medicazione potrebbe non essere l'unico percorso per la gestione dell'ADHD e potrebbe essere più efficace quando utilizzata in combinazione con altre strategie e interventi, come terapie comportamentali, coaching e supporti ambientali.
8. **Legami e Reti di Supporto:**
   Creare una rete di sostegno tra professionisti della salute, familiari, amici e gruppi di sostegno che comprendano e appoggino il viaggio della donna attraverso la medicazione è vitale. Questi legami possono offrire conforto, condivisione di esperienze e guida lungo il percorso.
9. **Prospettiva Futura:**
   Guardare avanti, il pensiero sulla durata, gli adattamenti futuri e il piano a lungo termine per la gestione della medicazione sono fondamentali per garantire la sostenibilità e l'efficacia continua del trattamento per l'ADHD.
10. **Ricerca e Evoluzione:**
   Mantenere un occhio vigile sulle ricerche e sviluppi emergenti nel campo della medicazione per l'ADHD, nonché le evoluzioni delle comprensioni mediche e scientifiche relative al genere e all'ADHD, può fornire nuove strade e opzioni per l'adeguamento e l'ottimizzazione della strategia di medicazione.

Questo itinerario attraverso la medicazione per le donne con ADHD si presta a una vasta gamma di discussioni, riflessioni e condivisioni che possono ulteriormente arricchire la narrativa e offrire uno spettro di esperienze e saggezza che può essere tanto un faro quanto una rete di sicurezza per altre donne che navigano in acque simili.

Conclusione Dettagliata sul Tema "Medicazione e Donne con ADHD"

La medicazione per la gestione dell'ADHD nelle donne, intreccia intricatamente sfumature di biochimica individuale, esperienze di vita, e dinamiche socio-culturali. Confluenze di fattori quali variazioni ormonali, ruoli sociali attesi e condizioni di salute mentale concomitanti contribuiscono a plasmare un panorama terapeutico ricco e multifacettato.

In particolare, è imperativo sottolineare la necessità di una pratica medica e farmacologica che sia non solo tecnicamente adeguata, ma anche empatica e olistica. La donna con ADHD non è unicamente un insieme di sintomi da gestire, ma un'entità complessa e interconnessa di mente, corpo e spirito. Il suo viaggio attraverso la medicazione è quindi tanto esplorativo quanto terapeutico, in cui l'accesso a una medicazione adeguata rappresenta solo un tassello di un mosaico più ampio di benessere complessivo.

Emerge con chiarezza come la personalizzazione del trattamento farmacologico sia fondamentale per garantire un'interazione armoniosa tra il medicinale, il corpo e la mente della donna. Ciò richiede un'accurata osservazione e monitoraggio dei suoi sintomi, delle risposte al trattamento e degli eventuali effetti collaterali. La partecipazione attiva della donna nel processo decisionale legato alla medicazione e una comunicazione trasparente e bidirezionale con i professionisti della salute sono essenziali per garantire l'adeguatezza e l'efficacia del trattamento nel tempo.
Inoltre, la considerazione di come le diverse fasi della vita della donna - dalla pubertà alla gravidanza, alla menopausa - influenzino e siano influenzate dalla medicazione per l'ADHD, pone l'accento sulla necessità di un'attenzione medica adattativa e sensibile al contesto. L'intreccio di sfide e cambiamenti legati sia all'ADHD sia ai passaggi biologici e sociali può generare dinamiche complesse, che richiedono una gestione attenta e specializzata.
In questo contesto, la medicazione per l'ADHD non deve essere isolata, ma integrata con un ampio spettro di strategie di supporto. Terapie psicosociali, interventi comportamentali, coaching sulla vita e tecniche di gestione dello stress rappresentano alleati fondamentali nel

percorso di cura della donna, offrendo un sostegno multidimensionale che può potenziare l'efficacia del trattamento farmacologico.

E mentre il panorama attuale offre già una gamma di strategie e approcci per la gestione dell'ADHD nelle donne, c'è un impellente bisogno di ricerche future e sviluppi innovativi che esplorino più profondamente le specificità e le sfumature delle esperienze delle donne con ADHD e il loro percorso attraverso la medicazione. In questa ricerca e pratica futura, l'intreccio di voci - dalle esperienze vissute delle donne con ADHD ai contributi di clinici, ricercatori e terapeuti - costituirà una melodia ricca e illuminante, che guiderà verso approcci terapeutici sempre più affinati, inclusivi e umanizzati.

In conclusione, il viaggio attraverso la medicazione per le donne con ADHD è un percorso condiviso, un dialogo continuo e un'avventura congiunta tra donne, professionisti della salute e la società nel suo insieme, dove la cura, il rispetto e la comprensione reciproca guidano verso orizzonti di benessere, accettazione e piena realizzazione di sé.

14. Medicazione • Informazioni sull'uso dei farmaci per trattare l'ADHD nelle donne.

Il trattamento dell'ADHD (Disturbo da Deficit di Attenzione/Iperattività) nelle donne attraverso l'uso di farmaci è un ambito che richiede una particolare attenzione e comprensione. La medicazione, mentre spesso è un componente essenziale nella gestione complessiva dell'ADHD, deve essere attentamente personalizzata e adattata alle specifiche esigenze delle donne, tenendo in considerazione una serie di fattori chiave.

1. Tipologie di Farmaci

Per la gestione dell'ADHD, i farmaci più comunemente prescritti sono gli stimolanti e i non stimolanti. Gli stimolanti, come l'Adderall, il Ritalin e il Vyvanse, sono spesso considerati il primo approccio nel trattamento dell'ADHD e sono noti per la loro efficacia nel migliorare la concentrazione e ridurre l'iperattività e l'impulsività. I non stimolanti, come Strattera e Guanfacine, possono essere opzioni alternative quando gli stimolanti non sono tollerati o se ci sono altre ragioni per evitarli.

2. Ciclo Mestruale e Ormoni

Il ciclo mestruale e le fluttuazioni ormonali possono influenzare l'efficacia dei farmaci per l'ADHD e la gestione dei sintomi. Ad esempio, alcune donne possono sperimentare un aumento dei sintomi dell'ADHD durante la fase premestruale, richiedendo potenzialmente un aggiustamento del dosaggio del farmaco durante quel periodo.

3. Gravidanza e Allattamento

La questione dell'uso di farmaci per l'ADHD durante la gravidanza e l'allattamento è particolarmente delicata e deve essere attentamente discussa e pianificata con il medico. La valutazione dei benefici potenziali del farmaco per la madre in contrapposizione ai possibili rischi per il feto o il neonato è cruciale.

4. Comorbilità

Spesso, l'ADHD nelle donne può coesistere con altre condizioni di salute mentale, come la depressione e l'ansia. Questa comorbilità può richiedere un approccio terapeutico complesso che possa indirizzare efficacemente tutte le condizioni presenti.

5. Effetti Collaterali

La tolleranza agli effetti collaterali, che possono includere insonnia, perdita di appetito e aumento della frequenza cardiaca, deve essere attentamente monitorata e bilanciata con i benefici del farmaco. La minimizzazione degli effetti collaterali attraverso un dosaggio adeguato e la scelta del farmaco giusto sono aspetti centrali nella gestione della medicazione.

6. Accettazione Sociale e Auto-Percezione
Le donne con ADHD possono affrontare sfide specifiche legate all'accettazione sociale e all'autopercezione nel contesto dell'uso dei farmaci. La stigmatizzazione sociale e le percezioni personali relative alla necessità di prendere un farmaco per la gestione dei sintomi possono rappresentare ostacoli emotivi e psicologici che necessitano di supporto e orientamento.
7. Abuso di Sostanze
È fondamentale monitorare e discutere apertamente eventuali questioni relative all'abuso di sostanze. Gli stimolanti, in particolare, hanno un potenziale di abuso e dipendenza, e quindi, è vitale che venga stabilita una comunicazione aperta e onesta tra la donna e il suo team di assistenza sanitaria.
8. Progressione e Adeguamento
La monitorizzazione continua dell'efficacia della medicazione, con regolari valutazioni e possibili aggiustamenti del dosaggio o del tipo di farmaco, è essenziale per garantire un trattamento ottimale a lungo termine.
In conclusione, la medicazione per le donne con ADHD richiede un approccio olistico e attentamente personalizzato che tenga conto dei numerosi fattori che possono influenzare l'efficacia e la tollerabilità del trattamento. Una

collaborazione stretta e sincera tra la donna e i professionisti della salute, incentrata su una comunicazione aperta e sul rispetto reciproco, sarà fondamentale per navigare con successo attraverso le acque, a volte complesse, della gestione dell'ADHD attraverso la medicazione.

Nell'approfondire ulteriormente il tema della medicazione per trattare l'ADHD nelle donne, esploriamo vari aspetti che intersecano il binomio donna-ADHD, focalizzandoci sull'importanza della personalizzazione del trattamento farmacologico e sulle sfide connesse.

Sensibilità agli Stimolanti

Le donne possono esibire diversi livelli di sensibilità agli stimolanti, con alcune che sperimentano un miglioramento significativo dei sintomi con dosaggi relativamente bassi, mentre altre potrebbero richiedere dosaggi più elevati. In alcuni casi, la sensibilità agli stimolanti potrebbe correlare con effetti collaterali indesiderati come nervosismo o ansia, e ciò necessita di una precisa calibrazione del trattamento per bilanciare efficacia e tollerabilità.

Componente Educativa

La componente educativa riguardo l'uso dei farmaci per l'ADHD è fondamentale per le donne, in modo da comprendere appieno come i farmaci funzionino, quali aspettative avere riguardo agli effetti positivi e come gestire o prevenire gli effetti collaterali. La consapevolezza e la conoscenza dei propri farmaci sono essenziali per autogestirsi efficacemente e per comunicare in modo proattivo con il team medico.

Interazione con Altri Farmaci

L'interazione tra farmaci per l'ADHD e altri medicinali che una donna potrebbe assumere per condizioni diverse deve essere attentamente monitorata. Questo è particolarmente rilevante in situazioni in cui le donne sono sotto trattamento per condizioni croniche, e quindi il potenziale di interazioni farmacologiche diventa un aspetto cruciale da gestire.

Aspetti Psicosociali

Gli aspetti psicosociali della medicazione dell'ADHD nelle donne toccano vari ambiti, inclusa l'interazione con la rete sociale e familiare, la gestione della carriera e delle relazioni personali. Un'adeguata gestione dei sintomi attraverso la medicazione può portare a miglioramenti significativi in questi ambiti, ma può anche presentare sfide relative all'autostima e all'identità.

Adesione al Trattamento

L'adesione al trattamento farmacologico può essere una sfida per le donne con ADHD, poiché la routine quotidiana della medicazione richiede un certo grado di organizzazione e costanza.

Soprattutto, la consapevolezza del proprio modello di sintomi e la correlazione con i tempi di assunzione dei farmaci può essere un aspetto critico che richiede educazione e pratica.

Farmacogenetica

La farmacogenetica, ovvero lo studio di come la genetica individuale possa influenzare la risposta ai farmaci, è un campo emergente che potrebbe avere implicazioni significative nel trattamento dell'ADHD nelle donne. Comprendere come i vari geni possano influenzare la risposta ai farmaci può portare a una personalizzazione ancora più mirata dei trattamenti farmacologici in futuro.

Visione Olistica

Una visione olistica che consideri la donna nella sua interezza, coinvolgendo aspetti fisici, emotivi, sociali e spirituali, è fondamentale nel formulare un piano di trattamento efficace. Gli aspetti quali la dieta, l'esercizio fisico, il sonno e lo stress vanno considerati e integrati nel piano terapeutico, poiché possono influenzare notevolmente l'efficacia del trattamento farmacologico.

Alternativa e Complementi alla Farmacoterapia

Infine, mentre la medicazione gioca un ruolo chiave, è fondamentale esplorare e integrare approcci alternativi o complementari che

possano supportare la donna nel suo percorso. Questi potrebbero includere terapie comportamentali, coaching, tecniche di mindfulness e supporti nel lifestyle che possano agire in sinergia con la farmacoterapia.
Questi aspetti delineano ulteriori sfumature e dettagli nel panorama della medicazione dell'ADHD nelle donne, enfatizzando la complessità e la multidimensionalità dell'approccio richiesto per gestire efficacemente la condizione in questo specifico gruppo demografico.

Nella complessità dell'approccio alla medicazione per le donne con ADHD, si sottolinea la necessità di un percorso terapeutico che sia non solo clinicamente efficace ma anche umanamente sostenibile e personalizzato. L'ADHD, nella sua espressione femminile, si intreccia spesso con le sfide dell'autopercezione, del ruolo sociale e delle pressioni esterne, nonché con eventuali problematiche correlate come l'ansia o i disturbi dell'umore.

Personalizzazione e Ciclo Vitale

Il piano di trattamento, pertanto, deve essere assolutamente personalizzato e adattabile nel corso del ciclo vitale della donna. Particolare attenzione deve essere posta nei periodi chiave come la gravidanza, il post-parto e la menopausa, in cui le variazioni ormonali possono influenzare sia la manifestazione dei sintomi dell'ADHD che la risposta alla farmacoterapia. La collaborazione con specialisti quali ginecologi o endocrinologi può quindi rivelarsi cruciale.

Autonomia e Empowerment

Promuovere l'autonomia e l'empowerment delle donne nel gestire la propria condizione e il proprio trattamento è un altro pilastro fondamentale. Ciò include non solo l'educazione su sintomi, gestione del trattamento e potenziali effetti collaterali dei farmaci, ma anche la creazione di un ambiente in cui la donna si senta libera di esprimere dubbi, preoccupazioni e desideri riguardo al suo percorso terapeutico.

Supporto Psicologico

Il supporto psicologico continua a svolgere un ruolo centrale, offrendo un contesto in cui esplorare e lavorare su questioni come l'autoaccettazione, la stigmatizzazione e la costruzione di un'identità che non sia definita dalla diagnosi. Gli approcci terapeutici che enfatizzano l'accettazione e l'engagement attivo nel percorso terapeutico, come la terapia di accettazione e impegno (ACT), possono offrire strumenti preziosi in questo senso.

Reti di Supporto

La costruzione di reti di supporto, sia all'interno del contesto clinico sia nella vita quotidiana della donna, è anch'essa essenziale. Gruppi di supporto, forum online e organizzazioni che si occupano di ADHD possono essere risorse fondamentali per condividere esperienze, strategie e, semplicemente, per sentirsi meno sole nel percorso.

Coinvolgimento dei Partner

Inoltre, il coinvolgimento dei partner, amici e familiari nel percorso terapeutico può arricchire il sostegno disponibile e facilitare la creazione di un ambiente comprensivo e motivante. Workshop e sessioni informative per i cari possono aiutare a diffondere consapevolezza e strumenti pratici su come supportare al meglio la donna nel suo percorso.

Monitoraggio Continuo

Il monitoraggio continuo e regolare della risposta ai farmaci, degli effetti collaterali e dell'evoluzione dei sintomi, inoltre, facilita un aggiustamento tempestivo del trattamento e previene potenziali problemi a lungo termine. L'uso di strumenti, come questionari periodici o app per il tracking dei sintomi, può risultare utili per raccogliere dati oggettivi e per individuare precocemente eventuali segnali di variazione o problemi emergenti.

Continuum Terapeutico

In conclusione, la gestione farmacologica dell'ADHD nelle donne non può e non deve essere scissa da un continuum terapeutico che inglobi aspetti fisici, psicologici, sociali e esistenziali. L'obiettivo finale è permettere alle donne con ADHD di vivere una vita piena e soddisfacente, in cui la condizione possa essere gestita in modo efficace e in cui la persona, con le sue esigenze, desideri e sogni, sia sempre al centro del percorso terapeutico.

15. Alimentazione e Esercizio • Il ruolo dell'alimentazione e dell'esercizio fisico nella gestione dell'ADHD.

Introduzione
L'approccio alla gestione dell'ADHD attraverso l'alimentazione e l'esercizio fisico assume una rilevanza particolare, fornendo un contributo significativo nella gestione dei sintomi e nel miglioramento della qualità della vita generale delle persone affette. L'incorporazione di strategie alimentari e fisiche adeguatamente modulate può avere un impatto tangibile sia sul benessere fisico che su quello mentale delle donne con ADHD, spesso mitigando l'intensità di alcuni sintomi e migliorando la capacità di focus e regolazione emotiva.

Alimentazione e ADHD

Nutrizione Ottimale

Un regime alimentare equilibrato, che fornisca tutti i nutrienti essenziali, gioca un ruolo cruciale nel modulare i sintomi dell'ADHD. Alcuni studi hanno suggerito un legame tra carenze nutritive e intensificazione dei sintomi dell'ADHD, motivo per cui una dieta bilanciata ricca di frutta, verdura, proteine magre, e carboidrati complessi è spesso consigliata.

Zuccheri e Additivi

Ridurre l'assunzione di zuccheri raffinati e additivi alimentari può anch'esso essere benefico. Alcune ricerche indicano che gli zuccheri semplici possono esacerbare i sintomi dell'ADHD, mentre un consumo regolato di carboidrati complessi fornisce una fonte di energia più costante e gestibile.

Acidi Grassi Omega-3

Gli acidi grassi Omega-3, reperibili in alimenti come il pesce e certi semi, hanno dimostrato un potenziale in termini di gestione dell'ADHD, migliorando alcuni aspetti come l'attenzione e la concentrazione, e sono spesso considerati come un complemento valido nel piano di gestione complessiva della condizione.

Esercizio Fisico e ADHD

Regolazione dell'Umore e Energia

L'esercizio fisico, grazie alla sua capacità di modulare i livelli di neurotrasmettitori come la serotonina e la dopamina, può fungere da efficace regolatore dell'umore e dell'energia. Per le donne con ADHD, che possono sperimentare sfide particolari in termini di autoregolazione emotiva, l'attività fisica diventa uno strumento potente per mantenersi centrati e gestire lo stress.

Miglioramento della Concentrazione

Numerose ricerche evidenziano come l'attività fisica possa migliorare le funzioni esecutive e la capacità di concentrarsi, aspetti spesso compromessi nell'ADHD. Implementare una routine di esercizio fisico regolare, pertanto, può offrire un sostegno nel mantenimento delle funzionalità cognitive e nella gestione del focus e dell'attenzione.

Sostegno al Sonno

Inoltre, l'esercizio fisico ha una notevole influenza sulla qualità del sonno, aspetto essenziale considerando che molte persone con ADHD riscontrano difficoltà nell'ambito del sonno. Un sonno adeguato, a sua volta, mitiga i sintomi dell'ADHD e migliora la regolazione dell'umore e della concentrazione.

Considerazioni Finali
L'attuazione di un piano di gestione dell'ADHD che incorpori consapevolmente strategie alimentari e di esercizio fisico può rappresentare un sostegno integrativo significativo alla terapia farmacologica e psicologica. E' importante, tuttavia, che tale approccio sia attentamente personalizzato, tenendo in considerazione le esigenze, le preferenze e le eventuali costrizioni della persona, fornendo così non solo un quadro di supporto ma anche uno spazio di autonomia e empowerment nella gestione quotidiana dell'ADHD.

Ulteriori Sviluppi sulla Nutrizione
Mentre abbiamo esplorato vari aspetti della dieta e della nutrizione nel contesto dell'ADHD, è essenziale evidenziare ulteriori considerazioni che possano potenziare la gestione dei sintomi nelle donne.
Vitamine e Minerali
Una dieta che mette in primo piano l'apporto adeguato di vitamine e minerali essenziali è cruciale. La vitamina D, per esempio, è stata associata alla funzione cognitiva e alla regolazione dell'umore. Inoltre, il ferro, il magnesio e lo zinco sono altri minerali che, quando presenti in quantità ottimali, possono supportare la gestione dell'ADHD. Integrazioni

di vitamine e minerali potrebbero essere considerate dopo adeguati controlli e consulti con un professionista sanitario.

Allergie e Intolleranze Alimentari

L'esplorazione di potenziali allergie o intolleranze alimentari potrebbe anche essere un'area da esplorare. Alcune donne con ADHD possono scoprire che la loro risposta a determinati alimenti, come il glutine o i latticini, potrebbe influenzare i loro sintomi e la loro energia generale. Eliminare o ridurre tali alimenti, sotto la guida di un nutrizionista o di un medico, può offrire intuizioni utili su come ottimizzare la dieta per il benessere generale.

Esercizio e Neuroplasticità

L'attenzione si posiziona anche sulla correlazione tra l'esercizio fisico e la neuroplasticità, il che significa come e quanto l'esercizio fisico possa influenzare la capacità del cervello di modificare le proprie connessioni sinaptiche.

Tipologie di Esercizio

Esplorare diverse tipologie di esercizio può fornire modi vari e stimolanti per integrare l'attività fisica nella routine quotidiana. Mentre gli esercizi aerobici possono offrire benefici sostanziali in termini di umore e vigore mentale, pratiche come lo yoga o il tai chi possono offrire benefici connessi alla consapevolezza corporea, alla coordinazione e alla gestione dello stress.

Integrazione e Consistenza
L'incorporazione dell'attività fisica in modo tale che diventi una componente stabile e apprezzata della vita quotidiana è fondamentale. Che si tratti di camminate nella natura, ciclismo, danza o qualsiasi altra forma di movimento che risuona con la persona, trovarne una che si ama è cruciale per la consistenza a lungo termine.

La Sostenibilità delle Strategie

Non meno importante è la considerazione della sostenibilità delle strategie implementate. L'adozione di abitudini alimentari e di esercizio che siano sostenibili e piacevoli nel tempo è fondamentale per garantire che questi elementi rimangano pilastri costanti e supportivi nella gestione dell'ADHD.
Consapevolezza e Adattabilità
È fondamentale che ogni strategia adottata venga costantemente rivalutata e adattata alle esigenze mutevoli della persona. La consapevolezza e l'intuizione riguardo a come specifici alimenti o pratiche esercitino un impatto sul corpo e sulla mente sono strumenti potenti per personalizzare e ottimizzare continuamente il piano di gestione.
Abitudini a Lungo Termine
Creare abitudini che siano sostenibili e non punitive o eccessivamente restrittive è chiave per garantire che le strategie implementate diventino una parte integrante e armoniosa della vita

quotidiana, piuttosto che un ulteriore fattore di stress o difficoltà.
Concludendo, il tema dell'alimentazione e dell'esercizio fisico nella gestione dell'ADHD si intreccia fortemente con la percezione e la consapevolezza individuali. La personalizzazione delle strategie, l'approccio olistico che prende in considerazione la persona nella sua interezza e un'implementazione empatica e sostenibile delle abitudini alimentari e fisiche, offrono un cammino proattivo e positivo verso il benessere e la gestione efficace dei sintomi dell'ADHD nelle donne.

L'interconnessione tra alimentazione, esercizio fisico e la gestione dei sintomi dell'ADHD merita un'analisi approfondita che va oltre le considerazioni precedentemente esplorate.

La Relazione tra Dieta Mediterranea e ADHD

Esaminando la dieta dal punto di vista culturale e geografico, la dieta mediterranea, che enfatizza un elevato consumo di frutta, verdura, legumi, noci, cereali integrali e olio d'oliva, è stata associata a numerosi benefici per la salute, compresa una migliore funzione cognitiva e una ridotta incidenza di disturbi dell'umore.
Particolare attenzione potrebbe essere dedicata alla valutazione di come l'adozione di una dieta

mediterranea possa influenzare i sintomi dell'ADHD nelle donne e quali componenti specifici della dieta possono essere particolarmente benefiche.

Alimentazione e Ciclo Mestruale

Inoltre, considerando le donne specificatamente, è rilevante esaminare l'interazione tra alimentazione, ADHD e il ciclo mestruale. Le variazioni ormonali durante le diverse fasi del ciclo possono influenzare sia i sintomi dell'ADHD che la reattività agli stimoli alimentari. Comprendere come queste dinamiche interagiscano e costruire strategie alimentari che supportino le donne durante tutto il ciclo potrebbe fornire ulteriori strumenti per la gestione mirata dell'ADHD.

Esercizio Come Rito

Oltre alle tipologie di esercizio e alla loro periodicità, lo sguardo può essere rivolto anche verso come trasformare l'esercizio fisico in un rituale consapevole e intenzionale. Elementi quali la connessione mente-corpo durante l'esercizio, la scelta di ambienti che potenzino il benessere psicologico (come la natura) e l'integrazione di pratiche mindful nel movimento potrebbero arricchire ulteriormente l'esperienza dell'esercizio, rendendolo non solo un veicolo di benessere fisico, ma anche un momento di ancoraggio e centramento mentale.

L'Influenza dell'Alimentazione sulla Salute Mentale

La psiconutrizione, un campo che esplora l'intersezione tra dieta e salute mentale, offre spunti interessanti riguardo al modo in cui l'alimentazione può essere sfruttata per supportare la funzione cognitiva e la regolazione emotiva, entrambe aree rilevanti nella gestione dell'ADHD. Specifici nutrienti, come gli acidi grassi omega-3, sono stati correlati a benefici nei sintomi dell'ADHD e potrebbero essere esplorati più approfonditamente nella loro applicazione pratica.

La Distanza dalla Sedentarietà

Parallelamente, considerando l'esercizio fisico, è cruciale esaminare la sedentarietà non solo come mancanza di movimento ma come uno stato che può influenzare negativamente la gestione dell'ADHD. Le tecniche per interrompere i periodi di sedentarietà durante la giornata, promuovendo brevi pause attive e momenti di stiramento, possono offrire non solo sollievo fisico ma anche migliorare la concentrazione e l'attenzione.

Dieta, Esercizio e Sonno

Infine, non può essere trascurata la relazione tra dieta, esercizio fisico e sonno, elemento

fondamentale per la regolazione dell’umore e della cognizione. La qualità e la quantità del sonno possono essere influenzate sia dall'alimentazione che dall'attività fisica e, a loro volta, influenzare la capacità di gestire efficacemente i sintomi dell'ADHD. Esplorare come ottimizzare entrambi per promuovere un sonno riposante e ristoratore può essere un ulteriore tassello nel costruire una gestione olistica e integrata dell’ADHD.
Questi diversi filoni, che approfondiscono l'impatto dell'alimentazione e dell'esercizio fisico nella vita delle donne con ADHD, fornendo un'immagine complessa e multidimensionale che invita a un esame attento e individualizzato per costruire strategie che siano veramente rispondenti e sostenibili per ogni individuo.

La comprensione dell'impatto dell'alimentazione e dell'esercizio fisico nella gestione dell'ADHD si radica in una sinergia tra conoscenze scientifiche, esperienze individuali e applicazioni pratiche. L'exploration delle varie sfaccettature dell'alimentazione e dell'attività fisica, in relazione sia ai sintomi dell'ADHD che ai bisogni unici delle donne, diventa fondamentale per offrire un quadro completo e multifacetico che può guidare strategie e decisioni individuali e cliniche.

Punti Chiave dell'Alimentazione

1. **Dieta Mediterranea**: La tendenza verso una dieta ricca di nutrienti, che accentua l'importanza di frutta, verdura e acidi grassi omega-3, potrebbe essere considerata come una strategia alimentare ottimale per sostenere sia la salute fisica che mentale.
2. **Integrazione Alimentare**: La personalizzazione dell'integrazione, ad esempio l'uso di integratori di omega-3 o vitamine del gruppo B, potrebbe essere esplorata in relazione a deficit specifici o esigenze nutrizionali.
3. **Rispetto del Ciclo Mestruale**: L'attenzione alla periodicità femminile, con una dieta che si adegua alle diverse fasi del ciclo, potrebbe rappresentare un ulteriore strato di personalizzazione nell'approccio alimentare.

Principi Fondamentali dell'Esercizio Fisico

1. **Rituale e Consapevolezza**: Incorporare l'esercizio fisico come una pratica consapevole e ritualistica che va oltre il mero movimento fisico, per diventare un'attività che sostiene sia il corpo che la mente.
2. **Variabilità**: Fornire variabilità nell'esercizio fisico che rispetti sia le esigenze fisiche che quelle emozionali, oscillando tra attività più intensive e momenti di movimento dolce e restaurativo.

3. **Pausa e Movimento**: Incorporare micro-pause e micro-movimenti nella giornata per contrastare gli effetti della sedentarietà e fornire momenti di 'reset' per la mente e il corpo.

La Concatenazione con il Sonno

Sia l'alimentazione che l'esercizio fisico sono strettamente legati alla qualità del sonno. Un sonno ristoratore è cruciale per la gestione dell'ADHD e, così, strategie alimentari che evitano, ad esempio, l'assunzione di caffeina nelle ore serali e prassi che promuovono il rilassamento pre-sonno, come una routine serale o esercizi di stretching dolce, possono essere fondamentali.

Considerazioni Finali

La sintesi di queste considerazioni converge verso una gestione dell'ADHD che sia holisticamente allineata con le esigenze e le esperienze individuali delle donne. Il binomio alimentazione-esercizio fisico si presenta non semplicemente come un doppio binario parallelo di strategie, ma come un sistema interconnesso in cui ogni componente influenza e modula l'altra. In questo contesto, l'approccio terapeutico e di supporto dovrebbe quindi adottare un'ottica che abbracci una pluralità di aspetti e dimensioni, proponendosi di sostenere le donne con ADHD in un percorso che valorizzi e rispetti la loro unicità e complessità. La frammentazione di queste strategie in interventi discreti e individuali dovrebbe, quindi, evolversi verso un modello di cura integrato, dove alimentazione, esercizio fisico, e altre strategie di gestione (come il sonno e il supporto psicologico) siano considerati in una prospettiva omnicomprensiva e sinergica.

16. Supporto di Famiglia e Amici • Come il supporto di famiglia e amici può fare la differenza.

Il sostegno da parte di familiari e amici può rappresentare un cardine fondamentale nella vita di una donna con ADHD, fornendo non solo una rete di sicurezza emotiva, ma anche una struttura e un'ancora in situazioni di sfida e stress. Ecco alcuni aspetti in cui il supporto di famiglia e amici può manifestarsi e creare un impatto significativo.

Comprensione e Empatia

1. **Conoscenza dell'ADHD**: Educare la rete di sostegno sulla natura, le sfide e le realtà dell'ADHD contribuisce a un ambiente empatico e supportivo.
2. **Dialogo Aperto**: Creare uno spazio sicuro per dialogare apertamente sull'ADHD, i suoi impatti e le sue sfide, aiuta a costruire un'atmosfera di mutua comprensione.

Struttura e Routine

1. **Organizzazione Condivisa**: L'aiuto nella gestione delle routine quotidiane e nell'organizzazione può alleggerire il carico mentale e facilitare una navigazione più fluida della giornata.
2. **Promemoria e Check-In**: Attuare sistemi di check-in regolari e promemoria condivisi può assicurare che le scadenze e gli impegni siano onorati in modo tempestivo.

Supporto Emotivo

1. **Ascolto Attivo**: Essere presenti e ascoltare senza giudizio fornisce un valido sfogo emotivo e una valvola di scarico per le tensioni accumulate.
2. **Celebrazione dei Successi**: Riconoscere e celebrare i successi, anche quelli apparentemente piccoli, può rafforzare la fiducia e la stima in se stessi.

Advocacy e Accettazione

1. **Sostegno Incondizionato**: Un approccio di accettazione incondizionata e sostegno costante costruisce un ambiente sicuro e rassicurante.
2. **Difesa dei Diritti**: Assumere un ruolo di difensore, specialmente in contesti sociali o professionali, può proteggere la persona con ADHD da situazioni di potenziale stigmatizzazione o incomprensione.

Collaborazione nelle Strategie di Coping

1. **Partecipazione Attiva**: Coinvolgimento attivo nella creazione e nell'applicazione di strategie di gestione dell'ADHD.
2. **Adattabilità**: Mostrarsi flessibili e adattabili alle esigenze che cambiano e ai differenti livelli di funzionalità e energia.

Educazione Continua

1. **Aggiornamento Costante**: Mantenersi informati sulle nuove ricerche, terapie e strategie relative all'ADHD.
2. **Partecipazione a Gruppi di Supporto**: Unirsi a gruppi di supporto o associazioni può fornire ulteriori strumenti e comprensioni sulla convivenza con l'ADHD.

Considerazioni Finali

Il sostegno di famiglia e amici si intreccia in maniera inscindibile con il benessere della donna con ADHD, configurandosi come un elemento cruciale nella sua vita. Un sistema di supporto robusto ed empatico si traduce in un ambiente che non solo accoglie e comprende la natura multifacettata dell'ADHD, ma che anche agisce attivamente per facilitare il percorso della persona, sostenendola nelle sfide e esaltando i suoi successi. Questo modello olistico di supporto, dunque, si posiziona come una componente imprescindibile nella gestione efficace dell'ADHD, creando un tessuto connettivo che lega insieme comprensione, accettazione, e azione proattiva nel quotidiano vissuto della donna.

Il supporto di famiglia e amici nella gestione dell'ADHD non si esaurisce nei concetti di empatia e sostegno emozionale, ma si estende anche nell'aiuto tangibile per superare sfide quotidiane, e nel mantenere alta la qualità della vita di chi vive con questa condizione. Emerge come imprescindibile la creazione di un network solidale che sa essere flessibile e resiliente di fronte alle dinamiche complesse dell'ADHD, rendendo i familiari e gli amici co-partecipi attivi nel percorso di gestione e adattamento.
Inoltre, il sostegno non deve essere percepito come un unidirezionale flusso di risorse da chi offre sostegno a chi lo riceve. Piuttosto, l'ambito del supporto può diventare un fertile terreno di scambio reciproco, dove anche la persona con ADHD porta un valore inestimabile attraverso le proprie esperienze, intuizioni, e capacità uniche. Le persone con ADHD sono spesso ricche di creatività, spirito innovativo, e una resilienza affinata dalle continue sfide incontrate, rendendole una fonte preziosa di ispirazione e risorse uniche.
I familiari e gli amici, a loro volta, possono trarre vantaggio dall'apprendere abilità di adattamento,

flessibilità e problem solving che sono spesso sviluppate in maniera avanzata in chi vive con l'ADHD. Esistono inoltre innumerevoli testimonianze di come le vivaci personalità e l'inesauribile energia di molte persone con ADHD abbiano portato gioia, dinamismo e un sapore unico nelle vite delle persone che le circondano.

Una prospettiva spesso sottovalutata è il modo in cui la rete di supporto si interfaccia con il mondo esterno. Familiari e amici diventano, in un certo senso, ambasciatori nel contesto sociale, lavorativo ed educativo, avendo la responsabilità di sensibilizzare gli altri e di contribuire alla disseminazione di una corretta informazione sull'ADHD. Questo ruolo di mediatore tra la persona con ADHD e la società può assolvere a funzioni critiche, mitigando possibili situazioni di fraintendimento o stigmatizzazione e facilitando la creazione di ponti e dialoghi costruttivi con la comunità più ampia.

Inoltre, il supporto di famiglia e amici si manifesta anche nel riconoscimento e nell'antecipazione delle eventuali crisi o periodi di maggiore difficoltà, dimostrando proattività nel fornire risorse e strategie di coping anche prima che vengano esplicitamente richieste. Ciò può includere l'essere presenti durante gli appuntamenti medici, partecipare attivamente a

sessioni di terapia, e immergersi in letteratura e ricerche che permettano di affinare continuamente le competenze e le conoscenze legate alla gestione dell'ADHD.
Questo perpetuo approfondimento e coinvolgimento non solo rafforza le competenze del network di supporto, ma invia anche un messaggio potente alla persona con ADHD riguardo al grado di impegno e dedizione che i suoi cari sono disposti a mettere in campo per il suo benessere. Si instaura, quindi, un ciclo virtuoso, dove il supporto informato e proattivo alimenta una maggiore autostima e sicurezza nella persona con ADHD, che a sua volta diventa più capace di esprimere i propri bisogni, aspirazioni e confini in maniera chiara e autentica, alimentando un dialogo sincero e arricchente all'interno del network di sostegno.

Il supporto da parte della famiglia e degli amici nelle vite delle donne con ADHD non si limita solamente ad aspetti psico-emotivi e pratici, ma permea ogni angolo dell'esistenza di una persona, influenzando la propria percezione di sé, il proprio posizionamento nel mondo e la qualità generale della vita. È imperativo sottolineare che il sostegno deve essere versato con attenzione e consapevolezza, comprendendo che le necessità possono variare da individuo a individuo e che ciò che funziona in un contesto potrebbe non essere altrettanto efficace in un altro.

L'aspetto educativo è vitale. Famigliari e amici necessitano di comprendere pienamente cosa significhi vivere con l'ADHD, quali siano le implicazioni, e come le manifestazioni possano differire da persona a persona. Questo si traduce non solo in un maggiore coinvolgimento attivo, ma anche nel possedere la capacità di intervenire con efficacia nelle diverse situazioni che si potrebbero presentare nel corso della vita quotidiana. La conoscenza riduce il rischio di misconcezioni e permette una gestione delle situazioni più empatica e strategica.

Allo stesso tempo, il network di sostegno deve essere attento a non cadere nella trappola del paternalismo, evitando di assumere una posizione che possa, anche involontariamente, limitare l'autonomia della persona con ADHD. Il supporto deve essere formulato in modo tale da potenziare le capacità dell'individuo, fornendo gli strumenti per navigare la vita con maggiore consapevolezza e indipendenza. In questo, il rispetto per le aspirazioni, i desideri e le decisioni della persona è fondamentale.

Nelle dinamiche relazionali, il supporto deve anche manifestarsi attraverso l'accettazione incondizionata. Vivere con l'ADHD può a volte

comportare la necessità di tempi e modi differenti nella realizzazione di progetti di vita, nell’adempimento di responsabilità, o nell’apprendimento di nuove competenze. Qui, la rete di supporto diventa essenziale per rassicurare la persona sulla propria validità e valore indipendentemente dalle performance o dalle realizzazioni esterne.
Un'altra area significativa dove il supporto diventa cruciale è nell'ambito della gestione del tempo e dell'organizzazione, aspetti che possono rappresentare una sfida per le persone con ADHD. Gli amici e i familiari possono collaborare attivamente nella creazione di strategie e routine che facilitino una gestione quotidiana più strutturata, sostenendo la persona nel mantenimento degli impegni e nell’organizzazione delle diverse attività.
Oltre a ciò, il supporto emotivo gioca un ruolo primordiale. Le donne con ADHD possono sperimentare un percorso emotivo complesso e talvolta turbolento, con momenti di frustrazione, autocritica e sentimenti di inadeguatezza. In questi momenti, la presenza di figure affettive che offrono un ascolto attento e non giudicante diventa un faro nel caos, offrendo un punto di riferimento stabile e sicuro.
La presenza di un adeguato supporto può anche ridurre l'incidenza di comorbilità, come l’ansia e

la depressione, spesso presenti in individui con ADHD a causa delle sfide e degli ostacoli che si trovano ad affrontare nel corso della vita. Un ambiente affettivo sicuro e supportivo può contribuire a tamponare l'impact di questi fattori stressanti e fornire una piattaforma solida per la gestione delle sfide quotidiane.
In ultima analisi, il supporto non è un viaggio a senso unico. Le persone con ADHD portano con sé una miriade di qualità e talenti che arricchiscono le vite di chi gli sta intorno. La spontaneità, la creatività, e la capacità di pensare "fuori dagli schemi" sono solo alcune delle preziose caratteristiche che, quando valorizzate e sostenute, contribuiscono a creare un ambiente familiare e sociale stimolante e dinamico. La chiave risiede nel riconoscere e celebrare questi talenti, permettendo alla persona di brillare in tutto il suo unico splendore, mentre parallelamente si lavora insieme per navigare le sfide che l'ADHD può presentare.

Concludendo, l'implicazione e l'azione attiva da parte della rete di supporto - famiglia e amici - si rivelano pilastri insostituibili nel contesto della vita di una donna con ADHD. L'intersezione tra il sostegno esterno e l'autogestione costruisce un terreno su cui è possibile lavorare costruttivamente verso un'esistenza più gestibile

e arricchente, nonostante le sfide imposte dall'ADHD.
Per conseguire ciò, l'educazione continua riguardo l'ADHD e le sue manifestazioni diventa un elemento cardine. La comprensione profonda e maturata delle sfide, ma anche delle capacità e dei talenti unici delle persone con ADHD, consente un approccio supportivo che sia al contempo empatico e pragmatico. Essere informati significa anche essere in grado di smontare quegli stereotipi e quelle errate percezioni che troppo spesso circondano la condizione, permettendo di agire in modo consapevole e informato.
Allo stesso tempo, un elemento che non va trascurato è la costruzione di uno spazio sicuro dove le emozioni e le esperienze della persona con ADHD possano essere espresse liberamente e senza giudizio. Creare un ambiente in cui i sentimenti siano validati e accettati, in cui la frustrazione, la rabbia, la gioia e l'euforia possano avere spazio e voce, diventa essenziale per la costruzione di un benessere psicoemotivo stabile e duraturo.
Il coinvolgimento attivo e proattivo nella creazione e nell'attuazione di strategie organizzative, nella pianificazione e nella gestione del tempo, e nell'offerta di un feedback costruttivo sono altre sfaccettature rilevanti di

questo supporto. Affiancare la persona con ADHD non significa solamente offrire un orecchio attento, ma anche mettersi in gioco, offrendo strumenti, strategie e, quando necessario, interventi diretti che possano facilitare la gestione delle sfide quotidiane. Questo, ovviamente, non deve mai trasformarsi in un controllo asfissiante o in un'usurpazione dell'autonomia della persona. Il confine è sottile e deve essere continuamente monitorato e ridefinito attraverso il dialogo e la comunicazione costante, garantendo che l'assistenza offerta sia sempre in linea con i desideri e le necessità dell'individuo.

Importante, infine, è il riconoscimento e la valorizzazione delle potenzialità e delle competenze delle persone con ADHD. L'approccio non deve essere unidirezionale, focalizzato esclusivamente sulle sfide e le difficoltà, ma deve anche saper celebrare e potenziare i talenti, le passioni e le abilità, riconoscendo il valore intrinseco della persona e promuovendo il suo benessere e la sua realizzazione in ogni ambito della vita.

In sintesi, il supporto da parte di famiglia e amici non è un optional, ma una componente fondamentale nell'equazione della vita delle donne con ADHD, un elemento che può fare la differenza in termini di qualità della vita, benessere psicologico e realizzazione personale e professionale. Si tratta di un viaggio che, seppur talvolta complesso, può essere intrapreso con successo quando basato su amore, comprensione, rispetto e collaborazione attiva.

17. Tecnologia e Apps • Applicazioni e strumenti tecnologici utili.

Navigare attraverso le sfide quotidiane presentate dall'ADHD può essere reso notevolmente più agevole con l'ausilio di strumenti tecnologici. Le applicazioni e la tecnologia generale hanno la capacità di offrire supporto pratico e strategico a coloro che vivono con ADHD, compensando alcune delle aree che potrebbero richiedere un ulteriore aiuto, come l'organizzazione, la gestione del tempo e la focalizzazione dell'attenzione.
Diverse applicazioni possono essere utilizzate per assistere nella gestione del tempo e dell'organizzazione, aree spesso complesse per chi convive con l'ADHD. Ad esempio, le app di pianificazione e to-do list, come Microsoft To Do, Any.do o Todoist, offrono una piattaforma su cui gli utenti possono scaricare e organizzare i propri pensieri, idee e impegni. Con funzioni che vanno dalla semplice lista delle cose da fare, alla possibilità di impostare promemoria e scadenze,

queste app possono aiutare a strutturare il tempo in modo efficace.

La tecnologia fornisce anche strumenti per affrontare la gestione delle distrazioni, un'altra sfida comune dell'ADHD. Applicazioni come "Forest" o "Focus@Will" sono progettate per incoraggiare periodi di concentrazione prolungata, utilizzando tecniche come la tecnica Pomodoro o la musico-terapia basata su principi neuroscientifici, rispettivamente.

Inoltre, le app di monitoraggio delle abitudini, come "Habitica" o "Streaks", possono assistere nella creazione e nel mantenimento di routine, offrendo una rappresentazione visiva del progresso e incoraggiando la coerenza attraverso ricompense e tracciamenti.

Quando si tratta di gestione dello stress e del sonno, essenziali per l'ottimizzazione del funzionamento cognitivo e dell'umore, applicazioni come "Headspace" o "Calm" forniscono strumenti e risorse per la meditazione, il rilassamento e il miglioramento della qualità del sonno, integrando pratiche di mindfulness nella vita quotidiana.

Per quanto riguarda la gestione delle finanze, un'area che può essere particolarmente difficile da navigare per le donne con ADHD a causa di sfide relative all'impulsività e alla pianificazione, app come "Mint" o "You Need A Budget (YNAB)"

possono fornire un quadro chiaro delle entrate, delle uscite e delle abitudini di spesa, offrendo anche suggerimenti e obiettivi per mantenere la stabilità finanziaria.
Tuttavia, è essenziale sottolineare che l'efficacia di questi strumenti tecnologici può variare da individuo a individuo. La personalizzazione dell'uso della tecnologia, la scelta di app e strumenti che risuonano con le preferenze, le abilità e gli obiettivi individuali, e l’assimilazione degli stessi in una strategia più ampia di gestione dell'ADHD sono fondamentali per sfruttare al meglio ciò che la tecnologia ha da offrire.
In ultima analisi, l'integrazione della tecnologia come parte di una strategia complessiva di gestione dell'ADHD può fornire sostegno significativo, facilitando l'autonomia e l'autoefficacia in vari aspetti della vita quotidiana. Si tratta di un esempio concreto di come le soluzioni innovative possano essere applicate per mitigare le sfide e sostenere le abilità, permettendo a chi vive con l'ADHD di prosperare e di esprimere il proprio potenziale in modo autentico e soddisfacente.

Continuando a esplorare il ruolo delle tecnologie e delle applicazioni nello sostenere individui con ADHD, la vastità delle opzioni disponibili rappresenta sia un'opportunità che una sfida. Da

un lato, ci sono infinite opportunità per trovare applicazioni e strumenti che si allineano alle esigenze specifiche di un individuo; d'altra parte, la selezione della piattaforma più appropriata può diventare un processo che richiede tempo e attenzione, cosa che può essere impegnativa per coloro con ADHD.
Le app di comunicazione, ad esempio, offrono funzionalità che possono essere utilizzate per gestire e organizzare l'interazione sociale e professionale. Applicazioni come "Slack" o "Zoom" sono ora comunemente utilizzate nel contesto lavorativo e possono essere personalizzate per facilitare una comunicazione chiara e tempestiva. Tuttavia, senza strategie per gestire le notifiche e le distrazioni che possono derivare dall'uso di tali piattaforme, gli individui con ADHD potrebbero trovarle più intrusive che utili.
È anche rilevante esplorare il ruolo delle tecnologie vestibili, come gli smartwatch, che possono offrire un ulteriore strato di supporto. Questi dispositivi, come quelli prodotti da Apple o Fitbit, spesso includono funzionalità che possono aiutare a gestire e monitorare aspetti della salute fisica e mentale, come il sonno, l'attività fisica, e il benessere generale. Per esempio, le funzioni di monitoraggio del sonno possono aiutare gli individui a comprendere i

propri pattern di sonno e a identificare aree che potrebbero richiedere attenzione o regolazione. Inoltre, queste tecnologie vestibili offrono spesso funzionalità che possono essere utilizzate per impostare promemoria regolari per attività come prendere i farmaci, fare pausa e muoversi, o praticare tecniche di respirazione profonda – tutte strategie che possono essere parte integrante di un piano di gestione complessivo dell'ADHD.

Un altro aspetto cruciale riguarda l'accessibilità delle applicazioni e della tecnologia. Mentre esistono numerose app e strumenti progettati per supportare vari aspetti della vita quotidiana, l'accesso a tali risorse può essere limitato da barriere quali costi, usabilità e curve di apprendimento associate all'utilizzo della tecnologia. Per esempio, alcune applicazioni possono offrire funzionalità estensive ma essere complesse e non intuitive da utilizzare, rendendole meno accessibili o appetibili per alcuni individui.

Inoltre, la crescente dipendenza dalla tecnologia nella società moderna solleva importanti questioni relative all'equilibrio digitale e alla salute del digitale. Mentre le app e gli strumenti possono offrire soluzioni pratiche e supporto nel contesto dell'ADHD, è essenziale che il loro utilizzo sia bilanciato e integrato in un approccio olistico alla gestione della salute e del benessere che consideri anche il tempo trascorso offline. Per alcuni, il ricorso a tecniche analogiche, come l'utilizzo di agende cartacee o sistemi di organizzazione fisica, potrebbe in realtà essere più efficace o preferibile. Pertanto, la selezione e l'adozione di tecnologie e applicazioni devono essere informate da una comprensione accurata delle esigenze, delle preferenze e delle risposte individuali, garantendo che tali strumenti siano utilizzati in modo che massimizzi i loro benefici mentre si minimizzano potenziali svantaggi o distrazioni.

Eplorando ulteriormente le implicazioni e le possibilità della tecnologia e delle applicazioni nell'ambito della gestione dell'ADHD, diventa centrale l'incidenza del design e dell'interfaccia utente. Le app e gli strumenti tecnologici utilizzati da individui con ADHD devono essere progettati in modo tale da minimizzare le distrazioni e rendere l'interfaccia intuitiva e facilmente navigabile. È interessante notare che la progettazione UX/UI (User Experience/User Interface) delle app orientate alla gestione dell'ADHD può beneficiare enormemente dall'integrazione di principi di design inclusivo e dall'attento esame delle esigenze e delle sfide specifiche incontrate dagli individui con ADHD.

Un aspetto critico di questo dialogo tecnologico è la privacy e la sicurezza dei dati. Mentre si sfruttano le app e gli strumenti tecnologici per gestire vari aspetti dell'ADHD, diventa imperativo considerare come le informazioni personali e i dati sensibili vengono gestiti, condivisi e protetti. Le app che monitorano e raccolgono dati relativi ai comportamenti, alle abitudini di sonno, allo stato d'animo e ad altri aspetti personali devono aderire a rigorosi standard di sicurezza e privacy per garantire che le informazioni dell'utente siano adeguatamente protette.
Inoltre, la componente educativa assume un ruolo fondamentale quando si parla di applicazioni tecnologiche nel contesto dell'ADHD. Le app e gli strumenti devono non solo fornire supporto pratico ma anche educare gli utenti su come possono utilizzare al meglio la tecnologia per facilitare la gestione dell'ADHD. Questo potrebbe includere tutorial interattivi, contenuti informativi e risorse supplementari che possono aiutare gli utenti a navigare e implementare efficacemente la tecnologia nella loro routine quotidiana.
Una sfida correlata riguarda la capacità di mantenere l'engagement e l'utilizzo coerente di app e tecnologie nel tempo. Gli individui con ADHD possono trovare impegnativa la

consistenza e la persistenza, e quindi le strategie per mantenere l'interesse e l'impegno nell'utilizzo di app e strumenti tecnologici per la gestione dell'ADHD dovrebbero essere attentamente considerate. Questo potrebbe includere elementi di gamification, promemoria regolari, feedback positivo e forse l'integrazione di comunità online o gruppi di supporto che possono servire come rete motivazionale e di supporto.

Analizzando le dinamiche delle comunità online e dei forum, si evidenzia che le piattaforme digitali possono funzionare anche come spazi in cui gli individui con ADHD possono condividere esperienze, consigli e strategie. La creazione di una comunità virtuale sicura e supportiva può funzionare come un ulteriore strato di sostegno, fornendo agli utenti un ambiente in cui si sentono visti, ascoltati e compresi. Tuttavia, la gestione e la moderazione di tali spazi devono essere condotte con attenzione per assicurare un ambiente positivo e costruttivo.

In conclusione, la tecnologia e le applicazioni offrono un vasto potenziale nel fornire supporto e strumenti pratici per gli individui con ADHD. Tuttavia, la selezione, l'implementazione e la gestione di tali strumenti devono essere attentamente considerate e personalizzate per allinearsi alle esigenze, preferenze e sfide specifiche di ogni individuo. L'adozione di un approccio olistico e bilanciato che integri sia le soluzioni tecnologiche che le strategie non digitali sarà fondamentale per navigare con successo nel paesaggio complesso della gestione dell'ADHD nel contesto tecnologico moderno.

Nel concludere l'esplorazione del ruolo della tecnologia e delle app nella vita di chi vive con ADHD, emerge chiaramente la poliedricità dell'uso degli strumenti digitali. Le app, che possono spaziare da quelle focalizzate sulla gestione del tempo e dell'organizzazione, a quelle incentrate su tecniche di rilassamento e mindfulness, formano un insieme eterogeneo di risorse disponibili al tocco di uno schermo.
È tuttavia imperativo evidenziare che mentre la tecnologia offre strumenti promettenti e innovativi, la sua efficacia è fortemente intrecciata con una serie di altri fattori, tra cui l'adesione regolare all'uso degli strumenti, l'accessibilità, la facilità d'uso e la personalizzazione dell'esperienza dell'utente. Gli strumenti digitali devono essere integrati in un contesto più ampio di strategie di gestione dell'ADHD che possono includere approcci psicologici, strategie comportamentali, supporto sociale e, quando appropriato, interventi farmacologici.

Oltre a ciò, nonostante le numerose app e piattaforme digitali disponibili, la loro efficacia deve essere valutata attraverso un obiettivo criterio scientifico. La ricerca deve continuare a esplorare e a validare l'efficacia di questi strumenti digitali, assicurando che siano non solo pratici ma anche basati su prove solide e capaci di fornire un reale beneficio agli utenti.
L'alfabetizzazione digitale e l'accessibilità tecnologica sono ulteriori fattori critici da considerare. Non tutti possono avere un accesso equo o le competenze necessarie per navigare efficacemente nel panorama digitale. Pertanto, la formazione sull'uso della tecnologia e l'abbattimento delle barriere all'accesso devono essere parte integrante di qualsiasi discussione o implementazione di strategie basate su app e tecnologia per la gestione dell'ADHD.
In una nota correlata, la questione della salute digitale - cioè, garantire che l'utilizzo della tecnologia sia sano, equilibrato e non diventi a sua volta una fonte di stress o distrazione - dovrebbe essere affrontata. Creare un equilibrio tra la vita digitale e quella offline, specialmente per le persone con ADHD che possono lottare contro la procrastinazione o la distrazione digitale, è fondamentale.
Infine, mentre la tecnologia può offrire incredibili vantaggi, essa non sostituisce

l'importanza del supporto umano, dell'empatia e della comprensione. Le relazioni interpersonali, il sostegno da parte della comunità e dei professionisti della salute, e la comprensione dell'esperienza unica di ciascun individuo rimangono fondamentali nel contesto complessivo della gestione dell'ADHD.
La tecnologia rappresenta, quindi, un importante alleato, ma deve essere integrata in maniera olistica in un percorso di gestione e trattamento ben strutturato, personalizzato, multifattoriale e umanamente supportato, per garantire un approccio equilibrato e davvero efficace nella gestione della vita quotidiana delle donne con ADHD.

18. Diritti e Risorse • Informazioni sui diritti delle donne con ADHD e dove trovare risorse.

Nell'affrontare la questione dei diritti e delle risorse disponibili per le donne con ADHD, è essenziale prendere in considerazione diversi aspetti correlati sia al contesto legale che a quello del supporto disponibile nella comunità. Le donne con ADHD possono affrontare una serie di sfide uniche e la comprensione e l'accesso alle informazioni sui loro diritti e sulle risorse disponibili può fare una differenza significativa nel migliorare la loro qualità della vita.

Diritti Legali:

- **Educazione:** Le donne con ADHD hanno diritto a ricevere un'istruzione adeguata e a godere di accomodamenti ragionevoli che possono aiutarle a navigare con successo nel contesto educativo.
- **Lavoro:** Nell'ambiente di lavoro, le donne con ADHD hanno diritto a essere protette dalla discriminazione e ad avere accesso a accomodamenti ragionevoli, secondo le leggi vigenti sulla disabilità e l'occupazione.
- **Assistenza Sanitaria:** È un diritto fondamentale avere accesso a un'assistenza sanitaria di qualità, inclusa la diagnosi e il trattamento dell'ADHD.

Risorse:

- **Gruppi di Supporto:** Le comunità di supporto, sia online che offline, forniscono un luogo dove le donne con ADHD possono condividere le proprie esperienze e strategie e sentirsi comprese e sostenute.
- **Organizzazioni:** Esistono diverse organizzazioni, a livello nazionale e internazionale, che offrono risorse, formazione e supporto specifico per l'ADHD.
- **Professionisti:** L'accesso a professionisti, come psicologi, psichiatrici, e coach specializzati nell'ADHD, è fondamentale per la diagnosi e la gestione efficace dell'ADHD.

Quando si parla dei diritti delle donne con ADHD, è importante sottolineare la necessità di un'approfondita comprensione e consapevolezza delle sfide specifiche che possono incontrare in vari ambiti della vita, inclusi, ma non limitati a, la formazione, la carriera, la vita familiare e le relazioni sociali. La promozione dell'equità, dell'accessibilità e della comprensione attraverso politiche inclusive, supporto adeguato e risorse informative è cruciale.
In termini di risorse, le donne con ADHD possono beneficiare di una varietà di servizi e supporti, tra cui consulenza, coaching, gruppi di supporto, e risorse educative. La combinazione di queste risorse, insieme a una rete di supporto solida, può facilitare la navigazione attraverso le sfide presentate dall'ADHD, promuovendo il benessere e l'autorealizzazione.
L'accesso alle informazioni è essenziale e pertanto è vitale che le donne con ADHD, e le persone che le supportano, siano dotate delle conoscenze e delle competenze necessarie per navigare attraverso i diritti legali e le risorse disponibili, creando un percorso che faciliti un'esperienza di vita arricchente e soddisfacente.

Espandendo ulteriormente il discorso sui diritti e sulle risorse per le donne con ADHD, è rilevante porre enfasi su vari aspetti che intersecano diverse aree della loro vita. Per esempio, le sfide nella gestione del tempo, nell'organizzazione e nell'auto-regolazione - aspetti comuni dell'ADHD - possono permeare sia la vita professionale che quella personale, e comprendere questi aspetti è fondamentale per sviluppare politiche e pratiche di supporto adeguate.

Strumenti Legali e Advocacy

Il panorama legale, che protegge i diritti delle donne con ADHD, deve essere robusto e accessibile. Saper navigare attraverso i meandri legali e burocratici spesso richiede un certo grado di advocacy e, talvolta, la navigazione di sistemi complicati. Gli avvocati e le organizzazioni che si occupano specificamente dei diritti delle persone con ADHD possono essere alleati preziosi, fornendo orientamento e assistenza nelle questioni legali, come ad esempio sostenere i casi di discriminazione sul posto di lavoro o nelle istituzioni educative.

Rete di Supporto Psico-Sociale

In un contesto psico-sociale, le donne con ADHD possono trarre beneficio dalla partecipazione a gruppi di supporto specifici e programmi terapeutici che considerano le sfide uniche associate alla condizione. Tali piattaforme forniscono spazi sicuri in cui le donne possono esprimersi liberamente, esplorare le proprie esperienze e identità, e costruire competenze vitali per gestire la vita quotidiana. Diversi approcci terapeutici, come la terapia cognitivo-comportamentale (CBT) o la terapia di accettazione e impegno (ACT), potrebbero essere esplorati per trovare ciò che risulta più efficace per l'individuo.

Risorsa Educativa e Formazione Professionale

L'accesso a programmi educativi e formativi che considerino l'ADHD e le sue sfide correlate è un altro pilastro fondamentale. Le donne con ADHD potrebbero aver bisogno di approcci pedagogici e formativi adattati che tengano conto delle loro esigenze specifiche. Ciò può includere corsi di formazione professionale, workshop e altri programmi educativi che utilizzano metodi inclusivi e supportivi.

Assistenza Medica Accessibile e Informata

In ambito sanitario, avere accesso a professionisti medici che comprendano l'ADHD e siano aggiornati sulle ricerche e le strategie di gestione più recenti è vitale. L'assistenza medica deve essere accessibile e informata, con i professionisti della salute che sono consapevoli delle sfide e delle esigenze specifiche delle donne con ADHD. La comprensione dell'intersezione tra l'ADHD e altre condizioni mediche o psichiatriche è anch'essa cruciale.

Supporto Comunitario e Socializzazione

Il supporto della comunità e le opportunità di socializzazione positiva sono altrettanto fondamentali per le donne con ADHD. Creare e mantenere relazioni positive può essere una sfida per chi ha l'ADHD a causa delle difficoltà nelle abilità sociali e nella regolazione emotiva. Pertanto, avere accesso a comunità e gruppi in cui si sentono accettate e comprese è di fondamentale importanza.
Esplorando ulteriormente, ci sono anche aspetti come il supporto nella genitorialità, la gestione della carriera, e l'interazione con i servizi sociali e di assistenza che potrebbero essere specificatamente delineati e arricchiti con strategie, politiche e pratiche mirate a sostenere le donne con ADHD in queste aree. Tutto questo amalgama di sostegno, risorse e diritti costituisce un ecosistema che, se ben orchestrato, può favorire un ambiente in cui le donne con ADHD non solo sopravvivono, ma prosperano.

L'importanza di risorse e diritti robusti e ben definiti per le donne con ADHD non può essere sottovalutata, soprattutto alla luce della natura spesso sottovalutata e misconosciuta del disturbo. Considerando che l'ADHD non è solo un disturbo dell'infanzia, ma persiste nell'età adulta in molti casi, lo sviluppo di politiche e programmi su misura per donne adulte con ADHD diventa fondamentale.

Inclusione e Diversità nei Luoghi di Lavoro

Nel contesto lavorativo, la presenza di politiche di inclusione e diversità che riconoscano e affermino le necessità delle donne con ADHD è essenziale. Questo può includere l'implementazione di adeguate strategie di adattamento e accomodamento, come per esempio tempi di pausa frequenti, ambienti di lavoro adattabili, e flessibilità in termini di orari e modalità di lavoro (ad es., telelavoro). L'obiettivo è strutturare un ambiente lavorativo che non solo sia conforme alle normative vigenti ma che attivamente supporti e valorizzi la diversità neurologica e le unicità individuali.

Cultura Sociale e Stereotipi

È anche opportuno affrontare la questione culturale e sociale riguardante la percezione e la comprensione dell'ADHD. In diverse culture e società, ci sono stereotipi penetranti e miti riguardo all'ADHD, come ad esempio l'idea che sia esclusivamente un disturbo dell'infanzia o che non influisca significativamente sulla vita delle donne. Campagne di sensibilizzazione e formazione possono essere impiegate per educare il pubblico e smantellare questi stereotipi, incoraggiando un'atmosfera di inclusione, comprensione e supporto.

Legislazione e Protezioni

Sul piano legislativo, le protezioni legali sono fondamentali per garantire che le donne con ADHD abbiano parità di accesso alle opportunità e non siano soggette a discriminazioni o svantaggi a causa del loro disturbo. Ad esempio, nel contesto educativo e professionale, la legge dovrebbe assicurare che ci siano provvedimenti di accomodamento ragionevoli e un accesso eguale alle opportunità.

Salute e Benessere

Parlando di salute e benessere, si potrebbe anche considerare come il sistema sanitario possa essere modellato per essere più consapevole e reattivo alle esigenze delle donne con ADHD, specialmente considerando che queste possono spesso sovrapporsi o interagire con altre questioni di salute, compresi gli aspetti della salute mentale e fisica. La promozione di pratiche salutari, come regolari controlli, supporto per uno stile di vita equilibrato e l'accesso a interventi come la terapia e il coaching, potrebbe essere enfatizzato.

Autodeterminazione e Autostima

Sostegno che favorisca l'autodeterminazione e l'autostima è cruciale. Le donne con ADHD dovrebbero essere incoraggiate a comprendersi meglio, riconoscendo i loro punti di forza e le aree di sfida, e costruendo così una percezione positiva di sé. Le risorse che mirano allo sviluppo personale, alla crescita della carriera, e all'empowerment personale possono offrire alle donne gli strumenti per navigare con successo attraverso le sfide che potrebbero incontrare a causa del loro ADHD.

Partecipazione e Coinvolgimento Attivo

L'inclusione attiva delle donne con ADHD nel processo decisionale che le riguarda è un altro aspetto che non può essere trascurato. Creare piattaforme dove le loro voci possano essere ascoltate e valorizzate in settori come la sanità, l'educazione e il lavoro, assicurerà che le politiche e le prassi siano realmente rispecchianti e rispondenti alle loro esigenze.

La lista di considerazioni, sfide e potenziali strategie nell'ambito dei diritti e delle risorse per le donne con ADHD è ampia e necessita di un'approfondita esplorazione e comprensione, la quale deve essere informata da ricerche solide, esperienze vissute e un impegno verso l'inclusione, la diversità e l'equità. Ogni punto citato potrebbe essere sviscerato ulteriormente, gettando luce su aspetti nuovi e approfonditi che potrebbero rivelarsi vitali nel fornire un supporto completo ed efficace alle donne con ADHD attraverso tutte le sfere della loro vita.

Conclusione dettagliata sul punto "Diritti e Risorse"

Navigare attraverso una società che non è sempre adeguatamente equipaggiata per comprendere o supportare l'ADHD può rappresentare una sfida significativa per le donne. La stessa ADHD può manifestarsi in modi sottili e complessi, che spesso vanno oltre i semplici problemi di attenzione o iperattività, coinvolgendo aspetti come l'autostima, le relazioni interpersonali e la gestione dello stress.

Legale e Professionale

Dal punto di vista legale e professionale, le donne con ADHD meritano un accesso eguale e giusto al mercato del lavoro, all'educazione e a tutte le altre sfere della società. Un accesso equo implica che le strutture esistenti necessitano di una revisione e di un adattamento dove necessario per garantire che le esigenze specifiche di queste donne siano riconosciute e rispettate. Questo può includere modelli di lavoro flessibili, supporto nello sviluppo della carriera, e adeguati interventi di benessere mentale.

Sociale e Culturale

In una prospettiva sociale e culturale, spetta alla società nel suo complesso creare un ambiente che sia informato, comprensivo e supportivo. La sfida qui risiede nel bilanciare la sensibilizzazione riguardo all'ADHD con la prevenzione della patologizzazione o della stigmatizzazione indesiderata. La sensibilizzazione dovrebbe mirare a promuovere l'empatia e la comprensione, piuttosto che pity o percezioni distorte.

Salute e Sistemi di Supporto

Per quanto riguarda la salute e i sistemi di supporto, è imperativo che le donne con ADHD siano fornite di risorse accessibili e informazioni credibili riguardo alla gestione del disturbo. Questo include non solo trattamenti medici, ma anche supporto psicologico, gruppi di sostegno, e risorse educative che possono aiutare a navigare le sfide quotidiane associate al disturbo.

Autodeterminazione e Advocacy

In termini di autodeterminazione e advocacy, le donne con ADHD dovrebbero essere empowere e supportate nel diventare le proprie migliori avvocate. Fornire loro le competenze e le conoscenze necessarie per esprimere le proprie esigenze in vari contesti (ad es. luogo di lavoro, istituzioni educative, ecc.) è fondamentale per garantire che possano guidare le proprie vite in maniera autonoma e soddisfacente.

Educazione Continua e Ricerca
Infine, l'educazione continua e la ricerca sull'ADHD nelle donne sono vitali. Ciò garantirà che le informazioni e le strategie siano sempre all'avanguardia, basate su dati e ricerche attuali e che riflettano accuratamente le necessità e le esperienze delle donne con ADHD.
In sintesi, la strada verso una società che è veramente equa e supportiva per le donne con ADHD è multifaccettata, richiedendo sforzi concertati attraverso diversi settori e livelli. Facendo questo, non solo si garantisce che le donne con ADHD siano supportate e comprese, ma si arricchisce la società nel suo complesso, celebrando e includendo la diversità neurologica in tutti gli aspetti della vita.

19. Casi di Studio e Testimonianze • Storie di donne con ADHD che hanno trovato successo e equilibrio nella loro vita.

Casi di Studio e Testimonianze: Storie di Donne con ADHD

La condivisione di storie personali e casi di studio può rappresentare una risorsa inestimabile per comprendere le sfide e i successi incontrati dalle donne con ADHD. Ogni storia è unica, ma insieme creano un tessuto di esperienze che può illuminare, ispirare e guidare altre donne lungo il loro percorso.

La Realtà Della Variabilità: Ogni Storia È Unica

Esistono innumerevoli storie di donne che, nonostante le sfide portate dall'ADHD, hanno trovato modalità per prosperare e costruire una vita ricca e soddisfacente. Alcune hanno scoperto strategie e strumenti che compensano specifiche aree di sfida, mentre altre hanno identificato e perseguito carriere e passioni che si allineano alle loro naturali inclinazioni e interessi.

Resilienza e Adattabilità: La Forza Nascosta

Molte donne con ADHD mostrano una notevole resilienza e adattabilità. Ad esempio, potrebbe esserci il caso di una professionista che ha sviluppato strategie per gestire efficacemente il tempo e le priorità, trasformando potenziali ostacoli in trampolini di lancio per il successo. O forse, una madre che utilizza la sua creatività e vitalità per creare un ambiente familiare amorevole e stimolante, celebrando la neurodiversità.

Supporto e Comunità: La Rete Di Sicurezza

La comunità e il supporto reciproco sono temi ricorrenti nelle storie di donne con ADHD. Gruppi di supporto, forum online e eventi comunitari diventano spazi vitali in cui condividere esperienze, strategie e, non da ultimo, solidarietà. Le storie raccontate in questi contesti illuminano la diversità delle esperienze vissute dalle donne con ADHD e offrono spunti preziosi per chi è alle prese con sfide simili.

Innovazione e Creatività: Fuori Dagli Schemi

L'ADHD è spesso associato a un pensiero fuori dagli schemi e a una creatività dinamica. Ci sono donne che hanno utilizzato queste qualità per creare opportunità uniche e innovare nei loro campi. Le loro storie illustrano come, utilizzando gli aspetti positivi dell'ADHD a proprio vantaggio, si possano aprire nuove strade e creare successi inaspettati.

Accettazione e Autenticità: Vivere con Autenticità

Accettare e abbracciare il proprio sé autentico è un altro tema fondamentale nelle testimonianze delle donne con ADHD. Scoprire come navigare il mondo in modo autentico, senza conformarsi a modelli rigidi o aspettative altrui, è un viaggio che molte hanno intrapreso. L'importanza della consapevolezza di sé e dell'accettazione della propria neurodiversità emerge spesso come un elemento chiave per trovare equilibrio e benessere.

Queste storie e testimonianze sono preziose non solo per altre donne con ADHD ma anche per chiunque sia coinvolto nella loro vita, fornendo insight e ispirazione su come vivere con ADHD non sia solamente una serie di sfide, ma anche una fonte di forza, creatività e unicità. In questo, la società può giocare un ruolo fondamentale, creando spazi in cui queste storie possono essere condivise, celebrate e utilizzate per informare e ispirare.

Ciascuna storia di una donna con ADHD apporta ulteriori sfaccettature e prospettive preziose al dialogo complessivo sulla neurodiversità. Le narrazioni di successo e superamento delle difficoltà da parte delle donne con ADHD spesso sottolineano l'importanza di una diagnosi accurata e tempestiva, e di un approccio multidisciplinare alla gestione dei sintomi e delle sfide correlate. È degno di nota come ogni percorso sia così personale e unico, e allo stesso tempo, offra punti di correlazione e comprensione che possono essere universali. Spesso, queste testimonianze parlano di momenti chiave o svolte che hanno rappresentato un punto di transizione nel modo in cui queste donne gestiscono il proprio ADHD. Per alcune, ciò potrebbe includere l'introduzione di strategie comportamentali specifiche, per altre, la decisione di utilizzare farmaci per la gestione dei sintomi. In molti casi, il punto focale è la scoperta di una passione o un'abilità che permette loro di canalizzare le loro energie e attenzioni in un modo che sia tanto produttivo quanto gratificante.

Un altro aspetto che emerge spesso nelle storie di donne con ADHD è la navigazione attraverso le sfide sociali, in particolare quelle relative alle aspettative di genere e ai ruoli sociali tradizionali. Le donne possono trovarsi a fare i conti con la pressione di conformarsi a modelli ideali di maternità, carriera e interazioni sociali che spesso non tengono conto delle sfide e delle necessità uniche poste dall'ADHD.
È anche frequente trovare discussioni approfondite su come queste donne gestiscono le relazioni personali, con partner, amici e familiari, e come l'ADHD influenzi queste dinamiche. La chiara comunicazione, la comprensione reciproca e la costruzione di strategie congiunte per gestire le sfide dell'ADHD diventano elementi centrali in queste narrazioni. Le testimonianze spesso sottolineano l'importanza di trovare e coltivare relazioni in cui si sentano viste, ascoltate e sostenute.
Le implicazioni dell'ADHD sulla salute mentale sono un altro tema cruciale nelle testimonianze. L'interplay tra ADHD e condizioni correlate, come l'ansia o la depressione, è spesso esplorato con acutezza e onestà nelle storie condivise. Donne con ADHD descrivono frequentemente le proprie strategie per mantenere un equilibrio nella salute mentale, che possono includere una

combinazione di terapia, sostegno sociale, esercizio fisico e altre pratiche di benessere.
Il contributo educativo e lavorativo rappresenta un altro pilastro nelle storie delle donne con ADHD. Si parla di come le sfide dell'ADHD siano navigate nell'ambito scolastico e professionale, condividendo strategie per gestire la procrastinazione, le difficoltà di organizzazione e la gestione del tempo. Questi racconti possono esplorare come le donne con ADHD hanno trovato nicchie professionali in cui le loro abilità uniche e il modo di pensare divergente sono non solo accettati ma celebrati.
Infine, ma non meno importante, le testimonianze spesso si concentrano su momenti di accettazione e autocomprensione, descrivendo percorsi verso l'autocompassione e l'abbraccio delle proprie neurodiversità come qualcosa di intrinsecamente prezioso e unico. Essere capaci di vedere e raccontare la propria storia non solo come un percorso di sfide ma anche di trionfi e crescita, diventa in sé un atto rivoluzionario e empowement.

Raccogliere e analizzare casi di studio e testimonianze di donne con ADHD non solo fornisce intuizioni vitali su come navigare attraverso la vita con questo particolare profilo neurologico, ma anche facilita una rete di

solidarietà e comprensione che è essenziale per sostenere l'empowerment individuale e collettivo. Le storie condivise non sono semplicemente narrazioni personali, ma diventano spesso un faro di speranza, ispirazione e informazioni concrete per altre donne con esperienze simili.
Le testimonianze di donne con ADHD spesso riflettono la vastità e la profondità delle loro esperienze, abbracciando sia le sfide che i momenti di scoperta e trionfo. Esse possono raccontare storie di resilienza, di come hanno trovato modi ingegnosi e innovativi per navigare attraverso le sfide presentate dal loro funzionamento neurodivergente. Ad esempio, alcune donne possono parlare di come hanno adattato e personalizzato gli strumenti e le strategie di gestione del tempo per adattarli ai loro bisogni specifici, mentre altre possono condividere le loro esperienze su come hanno creato spazi di lavoro che sostengono e alimentano la loro creatività e energia.
Inoltre, alcune testimonianze potrebbero svelare percorsi di scoperta personale che abbracciano l'ADHD non come un ostacolo, ma come una parte integrante del proprio sé, che informa e arricchisce la propria vita in modi unici. Queste storie potrebbero esplorare il modo in cui le donne hanno imparato a canalizzare le loro passioni, i loro interessi intensi e la loro

creatività in maniera che celebrano la loro neurodiversità, invece di percepirlo come una barriera.

Le strategie per gestire e navigare attraverso le sfide sociali e relazionali che possono presentarsi quando si vive con l'ADHD sono un altro tema prevalente nelle testimonianze. Le donne possono condividere come hanno lavorato per costruire relazioni autentiche e di supporto, pur navigando attraverso le sfide di comunicazione e interazione che possono emergere a causa delle loro caratteristiche neurologiche. Questo può includere storie di come hanno stabilito confini sani, comunicato le proprie necessità in modi che siano stati accolti positivamente, e come hanno lavorato con i loro cari per co-costruire relazioni che sostengono reciprocamente tutte le parti coinvolte.

L'analisi della gestione della carriera è un altro argomento che spesso viene toccato nelle testimonianze di donne con ADHD. Le sfide come la procrastinazione, la gestione del tempo e la navigazione attraverso gli ambienti di lavoro strutturati possono essere particolarmente salienti. Storie di come le donne hanno creato o scoperto ambienti di lavoro che valorizzano la loro neurodiversità, oppure di come hanno adottato e adattato strategie per navigare attraverso gli ambienti di lavoro tradizionali in

modi che sostengano il loro benessere e la loro produttività, offrono spunti importanti.
Anche la gestione del benessere generale, che include la salute mentale, fisica e emotiva, è un aspetto critico che spesso emerge nelle testimonianze. Ciò può includere la narrazione di come le donne hanno integrato pratiche come la mindfulness, il movimento fisico, la connessione sociale e altre pratiche di cura di sé per sostenere il loro benessere generale e la loro qualità della vita.
Ogni storia porta con sé uno strato aggiuntivo di comprensione e sfumatura, aiutando a costruire un mosaico ricco e multiforme che rappresenta la vasta gamma di esperienze e percorsi vissuti dalle donne con ADHD. E attraverso la condivisione e l'ascolto di queste storie, si crea un tessuto connettivo che non solo unisce le donne con esperienze simili ma arricchisce anche la comprensione societale dell'ADHD e della neurodiversità nel suo insieme.

Concludendo, l'esplorazione dei casi di studio e delle testimonianze di donne con ADHD sottolinea l'importanza imperativa della condivisione delle esperienze vissute, fungendo da veicolo per l'empatia, la comprensione, l'educazione e, ultimamente, la trasformazione sociale e individuale. Ogni storia narrata svela

non solo i dettagli specifici delle sfide e delle vittorie, ma offre anche l'opportunità di analizzare più da vicino il paesaggio multiforme di esperienze e strategie che le donne con ADHD percorrono e creano attraverso la loro vita quotidiana e professionale.
L'analisi dettagliata di queste storie può fungere da strumento potente per la decodificazione e l'identificazione delle strategie, degli approcci e degli ambienti che risultano maggiormente facilitanti e sostenibili per le donne che navigano attraverso la vita con l'ADHD. Si pone enfasi sul riconoscimento della neurodiversità come un continuum di esperienze e caratteristiche che sono uniche e individualizzate, richiedendo un'esplorazione profonda e considerata per comprenderne appieno il significato e le implicazioni.
È anche vitale sottolineare l'importanza del riconoscimento e dell'apprezzamento della resilienza, dell'ingegnosità e dell'autenticità che permea le esperienze delle donne con ADHD. Le loro storie non sono solo testimonianze delle sfide, ma anche di umanità, forza e ingenuità, rivelando come abbiano formato alleanze con il proprio funzionamento neurologico per creare percorsi e spazi che siano risonanti e armoniosi con le proprie esigenze e aspirazioni.

È fondamentale, quindi, che le storie e le esperienze delle donne con ADHD siano accoglienti, validate e incorporate in dialoghi più ampi relativi all'ADHD e alla neurodiversità. Creando piattaforme e spazi in cui queste narrazioni possano essere condivise liberamente e senza giudizio, si contribuisce alla costruzione di una rete solida e sostenibile che non solo supporta le donne con ADHD ma agisce anche come un faro di consapevolezza, istruzione e cambiamento nella società a livello più ampio. L'elaborazione e la condivisione di questi casi di studio e testimonianze, quindi, non sono solo un mezzo per esplorare e comprendere le esperienze delle donne con ADHD ma diventano anche una forma di advocacy, illuminando e amplificando le voci che, in molti contesti, rimangono inascoltate o incompreso. In questo modo, i racconti individuali delle donne diventano collettivamente un potente strumento di cambiamento, ispirazione e sviluppo, che non solo si allinea con la lotta personale ma solleva anche la collettività, educando e informando la società su un'esperienza umana ricca, variegata e profonda. L'ultima nota sottolinea l'importanza di garantire che queste storie siano condivise con rispetto, integrità e considerazione per l'autonomia e l'agenzia delle donne che hanno scelto di condividere i loro percorsi, garantendo che le loro voci siano onorate e mantenute al centro delle discussioni, ricerche e pratiche che emergono da tali condivisioni.

20. Conclusioni e Prospettive Future • Sintesi del libro e riflessioni sul futuro della ricerca e del trattamento dell'ADHD nelle donne.

Le "Conclusioni e Prospettive Future" possono offrire un consolidamento delle tematiche discusse nel corso del libro, oltre a proiettare uno sguardo verso i potenziali sviluppi futuri nel campo della ricerca, della comprensione e del trattamento dell'ADHD nelle donne. Questo capitolo potrebbe assumere un ruolo cruciale, raccogliendo i fili di molteplici discussioni, approfondimenti e storie, tessendoli insieme in una sintesi coesa che non solo rafforza i messaggi chiave del libro, ma anche getta le basi per ulteriori dialoghi e scoperte nel futuro.
Un'importante riflessione nell'ambito delle conclusioni può riguardare il fatto che l'ADHD nelle donne è una realtà complessa, che si manifesta e si intreccia con molteplici sfere della vita quotidiana e professionale. È pertanto essenziale riconoscere e validare la molteplicità di vissuti e percorsi che le donne con ADHD

attraversano. Le diverse sezioni del libro avrebbero esplorato vari aspetti legati all'ADHD femminile, gettando luce su sfide, strategie e vittorie che caratterizzano queste esperienze.
Il percorso compiuto nel libro mette in evidenza quanto sia fondamentale un approccio individualizzato, empatico e informato nel comprendere e supportare le donne con ADHD. La varietà di temi trattati - dalle sfide quotidiane e strategie di coping, all'importanza della rete di supporto, fino alla gestione delle carriere e delle relazioni personali - serve a sottolineare l'importanza di un'ottica olistica, che tenga conto della totalità dell'esperienza della donna.
Guardando al futuro, potrebbe esserci una considerazione profonda riguardo le direzioni future della ricerca e delle pratiche relative all'ADHD nelle donne. Ad esempio, come potrebbero evolversi le strategie di trattamento in maniera tale da essere sempre più inclusive, sensibili e specifiche per le sfide e le realtà vissute dalle donne con ADHD? In che modo la società e le istituzioni potrebbero modificare i loro approcci e strutture per diventare più accessibili e supportanti? E come la tecnologia e le innovazioni future potrebbero essere sfruttate per offrire nuovi strumenti e risorse?
Inoltre, sarebbe vitale esplorare come le voci e le esperienze delle donne con ADHD possano

continuare ad essere centrali nei dialoghi futuri, garantendo che ogni sviluppo nel campo sia veramente rispecchiante e rispondente alle loro necessità e realtà. La necessità di continuare a sfidare e smantellare gli stereotipi di genere e le concezioni errate riguardo l'ADHD, così come l'importanza di un'educazione capillare e accessibile, potrebbero essere ulteriori punti focali.

In sintesi, il capitolo di conclusione e prospettive future servirà come un punto di raccolta, riflessione e proiezione, assicurando che le ricche scoperte e i discorsi generati nel corso del libro siano onorati, mentre si gettano le basi per un futuro in cui l'ADHD nelle donne sia compreso, rispettato e supportato in maniera ancora più profonda e nuance. La speranza è che le riflessioni e le scoperte condivise nel libro non solo arricchiscano la comprensione del lettore ma che fungano anche da catalizzatore per ulteriori discussioni, ricerche e avanzamenti nel campo.

Conclusione

In questo percorso attraverso le sfaccettature dell'ADHD nelle donne, abbiamo esplorato terreni vasti e diversificati, che si intrecciano nelle esperienze di vita quotidiana, lavorativa e relazionale delle donne. Dalle strategie di gestione del tempo e delle distrazioni alla navigazione nelle dinamiche delle relazioni personali e professionali, abbiamo analizzato come l'ADHD possa influire e essere influenzato da vari aspetti della vita. Abbiamo discusso di temi come la gestione delle emozioni, la carriera, l'importanza del self-care, e abbiamo visto quanto la mindfulness, la terapia e il coaching possano essere risorse preziose. Abbiamo anche affrontato argomenti critici come i diritti, le risorse disponibili, e le modalità con cui la tecnologia può essere alleata nel percorso di gestione dell'ADHD.

Ogni capitolo ha tentato di fornire non solo una lente attraverso cui comprendere meglio l'ADHD nelle donne ma ha anche offerto strategie pratiche, riflessioni e perspicacia per supportare il benessere e l'autorealizzazione delle donne che navigano attraverso le sfide e le opportunità create da questa condizione.

Risorse Utili

In quanto lettori, il vostro viaggio non deve certamente concludersi con l'ultima pagina di questo libro. Ci sono numerosi spazi, sia online che offline, dove potrete continuare ad esplorare, apprendere e connettervi con altre persone sulla tematica dell'ADHD nelle donne.

- **CHADD** (www.chadd.org) - Una fonte preziosa di informazioni, risorse e supporto comunitario per coloro che vivono con l'ADHD.
- **ADDitude** (www.additudemag.com) - Un magazine che offre articoli, webinar e risorse utili per adulti e bambini con ADHD.
- **ADHD Europe** (www.adhdeurope.eu) - Fornisce informazioni e supporto a livello europeo, concentrando l'attenzione anche sulle donne con ADHD.
- **Books**:
    - "Women with Attention Deficit Disorder" di Sari Solden
    - "You Mean I'm Not Lazy, Stupid or Crazy?!" di Kate Kelly e Peggy Ramundo
    - "Driven to Distraction" di Edward M. Hallowell e John J. Ratey
- **Apps per la Gestione dell'ADHD**:
    - **Trello** e **Asana** per la gestione del tempo e dei progetti
    - **Headspace** e **Calm** per pratiche di mindfulness e meditazione

    - **Forest** per incentivare la concentrazione
- **Forum e Comunità Online**: Spazi come Reddit (www.reddit.com/r/adhd) offrono un luogo dove condividere esperienze e consigli con una comunità globale.
La vostra esplorazione personale, apprendimento e crescita sono un viaggio continuo. Mentre questo libro si conclude, le vostre avventure e scoperte nell'ambito dell'ADHD nelle donne sono destinate a proliferare. Si spera che le informazioni e le storie condivise in questi capitoli vi abbiano offerto nuove intuizioni, strategie e conforto, sapendo che non siete sole in questo viaggio e che esistono innumerevoli risorse e una comunità intera pronta a supportarvi.

Che il vostro percorso futuro sia ricco di scoperte, connessioni e trionfi.

www.ingramcontent.com/pod-product-compliance
Lightning Source LLC
LaVergne TN
LVHW010919051026
849532LV00003B/759